D1922855
NO
1060
ROC

Peter Kellert / Andreas Lonardoni

ROCK CLASSICS "Bass & Drums"

Band II

Stadtbibliothek L · Salzgitter ·

Play Along Songbook und CD

Die besten Rocksongs in spielbaren Originalversionen
Mit Tabulatur, Noten, Spieltips, Equipmenttips, Licks & Tricks

Songs von Eric Clapton, Cream, The Beatles,
Gary Moore, Police, Jimi Hendrix,
Guns n' Roses, Thin Lizzy, Steppenwolf u.a.

(CD)
1 Beilage
bzw. Begleitheft

Play With The Band

gelöscht
Stadtbibliothek Salzgitter
003975699000

Das ergänzende Buch für Gitarristen und die Band:
ROCK CLASSICS, Guitar, Band II
ISBN 3–928858–71–2
ISMN M–50006–071–0

Von dieser Reihe gibt es auch
Bass & Drums, Band I und Guitar, Band I

© 1997 by LEU-VERLAG, Herweg 34, 51429 Bergisch Gladbach

Lektorat:	Wolfgang Leupelt
Umschlag/Layout:	Martina Seefeld, Grafik Design 73525 Schwäbisch Gmünd
Notensatz:	Stefan Spielmannleitner, 73525 Schwäbisch Gmünd
Tonstudio:	Neckarsound, Tübingen
Toningenieur:	Gerd Waiblinger
Die Band:	Werner Dannemann, Markus Fritsch, Peter Kellert, Phillip Konowski, Bodo Schopf
Druck:	Druckerei Plump, 53619 Rheinbreitbach Printed in Germany

ISBN 3–928825–72–0
ISMN M–50006–072–7

Alle Rechte vorbehalten.
Sämtliche Bass- und Drumbearbeitungen sind – wenn auch nicht ausdrücklich hervorgehoben – urheberrechtlich geschützt.
Ohne ausdrückliche Genehmigung des Verlages ist es nicht gestattet, das Buch ganz oder in Teilen zu vervielfältigen. Auch die Übertragung einzelner Abschnitte, Zeilen und Zeichnungen ist – mit Ausnahme der in §53, 54 URG genannten Sonderfälle – nicht ohne schriftliche Zustimmung des Verlages zulässig. Dies gilt für alle Vervielfältigungsverfahren, Fotokopie, Film, Folien und auch elektronische Medien.

Das Band-System
Play With The Band
Das ergänzende Buch für die Gitarristen

Die Songs für die Gitarrensection:

Peter Kellert/Andreas Lonardoni
Rock Classics Guitar II
Play Along Songbook mit CD

Mit den besten Rocksongs in spielbaren Originalversionen. Mit Noten, TAB, Spiel- und Equipmenttips, Licks, Tricks. Play With The Band die besten Songs von Eric Clapton, Cream, The Beatles, Gary Moore, Police, Jimi Hendrix, Guns n' Roses, Thin Lizzy, Steppenwolf u.a.

Auf der CD: Listening-, Gitarren-, Playbackversionen eingespielt von einer Live-Band (mit Gesang).

ISBN 3-928825-71-2

Inhalt

Die Songs

Equipment

Vorwort

Willkommen bei **"Rock Classics, Vol. II „Bass und Drums"**. Das Buch, das Du Dir gekauft hast, ist eine Mischung aus Lehrbuch, Songbook und Play Along Buch. Lehrbuch deshalb, weil Du zahlreiche Licks & Tricks erfährst und erklärt bekommst. Songbook, weil im Buch viele bekannte Songs mit Bassnoten/TAB und Drumnoten enthalten sind und Play Along Buch, weil Du alle Songs zur CD mitspielen kannst.

Du kennst ja das Problem. Du kaufst dir Noten Deiner Lieblingsband und findest im Songbook nur Melodie und Akkorde vor. Keine Spur von der Bassline oder gar den Drumnoten. Oder Du gehst los und besorgst dir sogenannte "Transcript Scores". Jetzt hast Du zwar die Originalnoten, doch die sind so kompliziert, daß Du dich nur mit Mühe durchkämpfen kannst. Und wenn Du dann zum Originalsong dazuspielen willst, kommt dir immer der Bassist bzw. Drummer in die "Quere".

Zu jedem Band dieser Buchreihe gibt es zwei Ausgaben. Da ist einmal die Bass- und Drumausgabe, die für alle Drummer und Bassisten bestimmt ist. Es gibt auch noch die Gitarrenausgabe, für die Gitarristen gedacht ist. Wenn Du Deine Bass-Songs dann richtig drauf hast, brauchst Du dir nur einen Drummer und einen Gitarristen suchen, die auch die Bücher haben, und ihr könnt dann die Songs zusammen spielen.

In **Rock Classics II** findest du die Originalstimme der Songs, die so bearbeitet ist, daß du sie auch problemlos spielen kannst. Auf der CD gibt's von jedem Song immer zwei Versionen: eine Version ohne Bass und eine Version ohne Drums. Wir haben für dich aus dreißig Jahren Rockmusik die besten und wichtigsten Songs zusammengetragen und aufgenommen. Es war nicht gerade einfach, aus der Vielzahl guter Songs eine relativ kleine Auswahl zusammenzustellen. Wir hoffen aber trotzdem, daß auch einer Deiner "Favoriten" dabei ist.

Viel Spaß

Die LEU Band

Auf der CD haben wir dir alle Songs mit einer echten Band aufgenommen. Keine Drumcomputer, Sampler oder Sequenzer wurden verwendet. Der Sänger war Werner Dannemann aus Stuttgart, übrigens auch ein hervorragender Gitarrist. Am Schlagzeug saß Bodo Schopf, der schon für Michael Schenker, Udo Lindenberg, Falco und Sweet getrommelt hat. Die weiteren Mitstreiter waren Philipp Konowski an der Gitarre und Gerd Waiblinger am Mischpult und Markus "Miller" Fritsch.

Über die Songs

Die Songs haben wir manchmal wegen der Form etwas umstricken müssen. Zu jedem Song gibts ein paar allgemeine Erklärungen. Du erfährst, welche Band den Song aufgenommen hat, auf welcher CD der Song zu finden ist und wer der Bassist bzw. der Drummer bei den Aufnahmen war. Alles was du zu Stilistik, Phrasierung und Tonmaterial wissen mußt, kannst du ebenfalls nachlesen. Wenn du mal einen musikalischen Ausdruck nicht verstehst, kannst du ihn im Kapitel "Musikalische Ausdrücke zum Nachschlagen" nachlesen.

Bassist und Drummer

Die beiden bilden zusammen das Fundament der Band. Der Drummer sorgt für die rhythmische Grundlage, der Bassist unterstützt durch den Rhythmus der Bassline diese Grundlage und legt mit den Basstönen außerdem das harmonische Fundament. Bass und Kickdrum müssen dabei besonders eng zusammen sein, da sie "das Herz" des Grooves bilden. Die Bassdrum spielt die Akzente der Bassline mit, vorausgesetzt, die Bassline ist nicht total zu "busy". In so einem Fall nimmt der Drummer mit der Bassdrum nur die wichtigsten Akzente der Bassline mit. Aber Vorsicht. Oft ist eine Bassline mit vielen Noten oder ein verzwickter Drumgroove der Tod eines guten Songs. Meistens tut es eine simple (aber eingängige) Bassline, zusammen mit einem einfachen Drumgroove. Alles, was Bassist und Drummer tun, sollte immer dem Song dienen und niemals "Showdown" der technischen Fähigkeiten sein. Hier gilt die Regel: Weniger ist mehr.

Rock Classics For Bass

Dieser Teil des Buches ist speziell für die Bassisten gedacht. Am Anfang gibt's eine Griffbrettübersicht, dann alles Wissenswerte über Akkorde und Tonleitern und weiter geht's mit den Bass Tricks, über Equipment, zu den Rock Classics Bass-Songs.

Griffbrettübersicht

Wenn du mal einen Ton auf dem Bass nicht gleich findest, kannst du in der Griffbrettübersicht nachschauen.

Tonleiter und Akkordtabelle

Das kennst du sicher auch: Du probst einen neuen Song und versuchst krampfhaft, zu den Akkorden des Songs eine gute Bassline zu komponieren. Aber irgendwie klappt das nicht so, weil du nicht weißt, welche Töne du zu den Akkorden spielen kannst. Hier ist die Lösung Deines Problems: In der Tonleiter & Akkordtabelle findest du zu jedem Akkord eine oder mehrere Tonleitern, die zum Akkord passen. Mit den Tönen der Tonleiter kannst du dann Deine Bassline komponieren. Den optimalsten Fingersatz habe ich dir auch noch dazugeschrieben. Alles kein Problem. Die folgenden beiden Tabellen zeigen dir, was du über drei- und vierstimmige Akkorde wissen mußt.

1. Aus welchen Tönen sich die Akkorde zusammensetzen.

2. Die Intervalle, aus denen die Akkorde bestehen.

3. Die Tonleitern, die du zu den Akkorden spielen kannst.

4. Die Fingersätze, die am besten geeignet sind.

Name des Dreiklangs	**C-DUR**	**C-MOLL**	**C-Vermindert**	**C-Übermäßig**	**Csus4**
Die Töne des Dreiklangs	C E G	C Eb G	C Eb Gb	C E G♯	C F G
Aus welchen Intervallen besteht der Dreiklang?	C-E : 3 E-G : b3 C-G : 5	C-Eb : b3 Eb-G : b3 C-G : 5	C-Eb : b3 Eb-Gb : b3 C-Gb : b5	C-E : 3 E-G♯ : 3 C-G♯ : ♯5	C-F : 4 F-G : 2 C-G : 5
Die Tonleiter, die du zu diesem Dreiklang spielen kannst:	C-DUR: 1) C D E F G A B C	C-MOLL: 2) C D Eb F G Ab Bb C	C-Vermindert: C D Eb F F♯ G♯ A B C	C-Ganzton C D E F♯ G♯ Bb C	C-Mixolydisch: C D E F G A Bb C
Der geeignete Fingersatz auf dem E-Bass:	2 4 1 2 4 1 3 4	1 3 4 1 3 4 1 3	1 3 4 1 2 4 1 3 4	2 4 1 3 1 1 3	2 4 1 2 4 1 2 4

1) Zu diesen Akkorden kannst du auch die DUR-Pentatonik spielen: C D E G A C.
Fingersatz: 1 1 3 1 3 1 oder 2 4 1 4 1 4.

2) Zu diesen Akkorden kannst du auch die MOLL-Pentatonik spielen: C Eb F G Bb C.
Fingersatz: 1 4 1 3 1 4 oder 3 1 1 3 1 4.

Name des Akkordes	Die Abkürzung dafür	Die Töne des Akkordes	Akkordart	Die Tonleiter, die du dazu spielen kannst	Geeigneter Fingersatz auf dem E-Bass
C Major 7	C maj 7 (Cj 7)	C E G B	Dur-Dreiklang mit gr. Septime	C-ionisch: C D E F G A B C 1)	2 4 1 2 4 1 3 4
C Dominant 7	C 7	C E G B^b	Dur Dreiklang mit kl. Septime	C-Mixolydisch: C D E F G A B^b C 1)	2 4 1 2 4 1 2 4
C Moll 7	C- 7 (Cm 7) (c 7)	C E^b G B^b	Moll-Dreiklang mit kl. Septime	C-Moll: C D E^b F G A^b B^b C 2)	1 3 4 1 3 4 1 3
C Moll 7/ $^b5$	C-7/ $^b5$ (Cm 7/ $^b5$) (c 7/$^b5$)	C E^b G^b B^b	Verminderter Dreiklang mit kl. Septime	C-Lokrisch: C D^b E^b F G^b A^b B^b C	1 2 4 1 2 4 1 3 1 3
C Moll Major 7	C- maj 7 (Cm maj 7) (c maj 7)	C E^b G B	Moll-Dreiklang mit gr. Septime	C-Melod. Moll: C D E^b F G A B C	1 3 4 1 4 1 3 4
C Vermindert	C° (C dim) (C° 7)	C E^b G^b B^{bb}	Übereinanderliegende kleine Terzen	C-Vermindert C D E^b F F♯ G♯ A B C	1 3 4 1 2 4 1 3 4
C7 sus 4	C 7 sus 4 (C 7/ 4)	C F G B^b	Csus 4-Dreiklang mit kl. Septime	C-Mixolydisch: C D E F G A B^b C 2)	2 4 1 2 4 1 2 4
C7 mit übermäßiger Quinte	C7/♯5 (C7/5+)	C E G♯ B^b	C übermäßiger Dreiklang mit kl. Septime	C-Ganzton: C D E F♯ G♯ B^b C	2 4 1 2 4 1 3
C7 mit verminderter Quinte	C7/$^b5$ (C7/ 5-)	C E G^b B^b	C vermindert. Dreiklang mit kl. Septime	C-Ganzton C D E F♯ G♯ B^b C	2 4 1 2 4 1 3
C Major 7 mit übermäßiger Quinte	C maj 7/♯5 (C j 7/♯5)	C E G♯ B	C übermäßiger Dreiklang mit gr. Septime	C-Lydisch ♯5: C D E F♯ G♯ A B C	2 4 1 3 1 1 3 4
C Major 7 mit übermäßiger Quarte	C maj /♯11 (C j /♯11)	C E F♯ B	C maj 7 Vierklang mit übermäßiger Quarte	C-Lydisch: C D E F♯ G A B C	2 4 1 3 4 1 3 4

1) Zu diesen Akkorden kannst du auch die DUR-Pentatonik spielen: C D E G A C.
Fingersatz: 1 1 3 1 3 1 oder 2 4 1 4 1 4.

2) Zu diesen Akkorden kannst du auch die MOLL-Pentatonik spielen: C E^b F G B^b C

Bass Tricks

Bass Tricks sind Spieltechniken, die einen bestimmten Sound erzeugen oder Deinen Ton verändern. Sparsam eingesetzt, kannst du mit diesen Effekten viel bewirken und sogar dem Song einen besonderen Charakter verleihen.

Phrasing

Vieles, was ein Bassist spielt, läßt sich nur schwer in Noten fassen. Gemeint ist damit die Art, wie ein Bassist seine Töne spielt oder besser gesagt "formt". Du kannst die Töne einfach nur anschlagen und ausklingen lassen oder versuchen, jeden Ton auf spezielle Weise zum Klingen zu bringen. Jeder der "Bass Heroes" hat seine eigene unverkennbare Phrasingtechnik entwickelt. Wenn man bedenkt, daß alle Bassisten dieselben Töne zur Verfügung haben, um daraus ihren unverwechselbaren Stil zu entwickeln, wird einem klar, wie wichtig das Phrasing ist. Zuerst gibt's den Stimmton.

1 Stimmton

Slides

Mit der Slidetechnik kannst du in einen Ton "hineinrutschen". Das funktioniert folgendermaßen: Du suchst dir einen Zielton aus, den du spielen willst. Diesen Ton rutschst du nun von unten an. Im folgenden Take hörst du, wie's gemacht wird.

Vibrato

Spiele einen Ton und ziehe, während der Ton erklingt, die Saite ein wenig hin und her. Du hörst, wie der Ton zu schwingen beginnt. Machst Du die Handbewegung schnell, wird auch das Vibrato schnell. Ist die Handbewegung langsam, erzeugst du einen singenden Ton, der ein wenig "chorusmäßig" klingt.

Dead Notes

Eine Deadnote ist eine Note, die nur angedeutet wird. Die Schlaghand schlägt hierbei den Ton völlig normal an. Nur der Druck der Greifhand auf den Hals wird soweit reduziert, daß der Ton nicht mehr richtig klingt, sondern nur noch perkussiv zu hören ist.

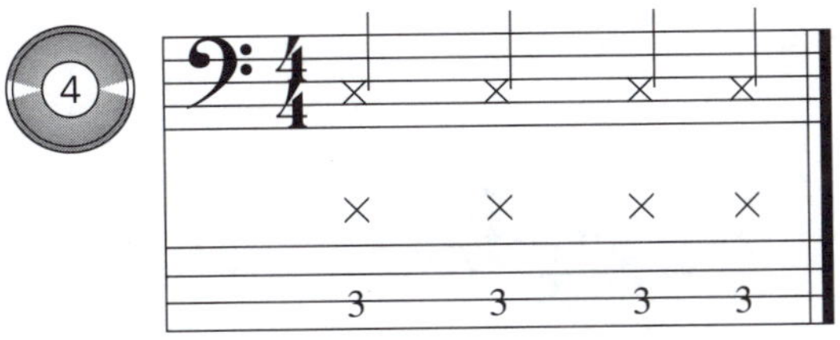

Hammer On und Pull Off

Bei der Hammer On Technik wird mit den Fingern auf die Saiten gehämmert und so der Ton erzeugt. Beim Pull Off entsteht der Ton durch Abziehen der Finger von den Saiten. Diese beiden Techniken klingen auf dem Bass sehr gut.

Zunächst das Hammer On. Greife mit dem Zeigefinger den Ton auf dem 3. Bund der D-Saite und schlage den Ton an. Nimm den Ringfinger deiner Greifhand und lasse ihn nun mit Schwung auf den fünften Bund der D-Saite hämmern. Der neu erklingende Ton G wird nur durch das Aufschlagen des Ringfingers auf die Saite erzeugt. Deine Schlaghand hat hier Pause und macht gar nichts.

Ton greifen

Ton anschlagen

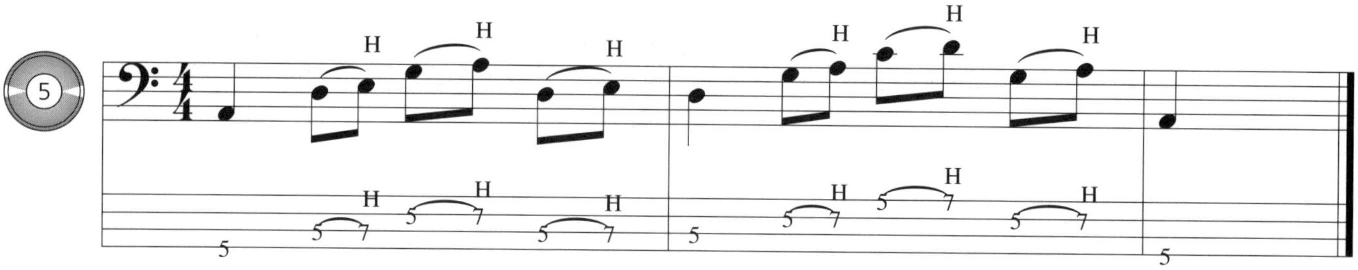

Achte darauf, daß die Hammer On's sauber und deutlich hörbar klingen. Hammer On's mußt du nicht nur mit dem Ringfinger spielen. Mit Mittel- oder kleinem Finger geht's auch.

Pull Off

Pull Off ist das Gegenteil von Hammer On. Hier erzeugst du den Ton durch Abziehen deines Fingers von der Saite. Greife den Ton A auf dem siebten Bund der D-Saite mit dem Ringfinger und schlage ihn an. Wenn der Ton erklingt, ziehst du den Ringfinger so von der D-Saite ab, daß er diese anreißt und der mit dem Zeigefinger gegriffene Ton G erklingt.

Ton greifen

Finger abziehen

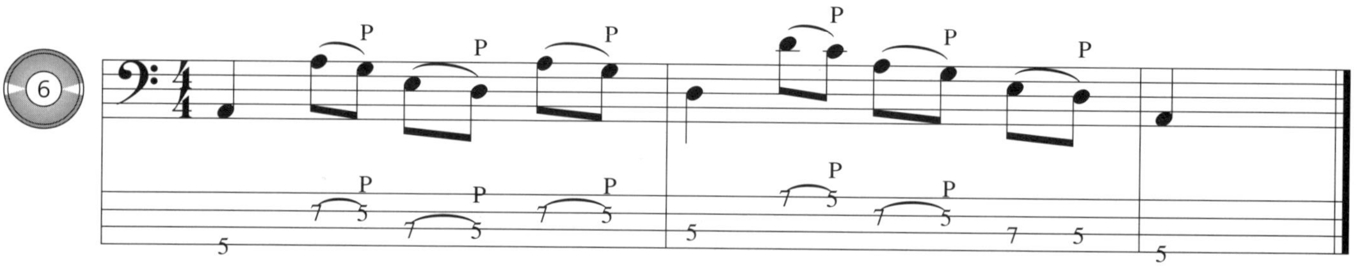

Selbstverständlich kannst du das Pull Off auch mit den anderen Fingern deiner Greifhand machen. Wie das Hammer On erfordert auch das Pull Off am Anfang einiges an Training, um die Finger zu stärken.

Der Perkussionsschlüssel

Für Drummer gibt es einen speziellen Notenschlüssel, den Perkussionsschlüssel. Er steht immer am Anfang der Notenzeile.

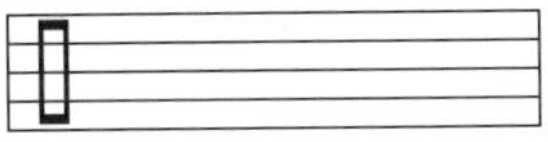

In der nächsten Abbildung siehst du, wie die einzelnen Instrumente des Schlagzeugs notiert werden.

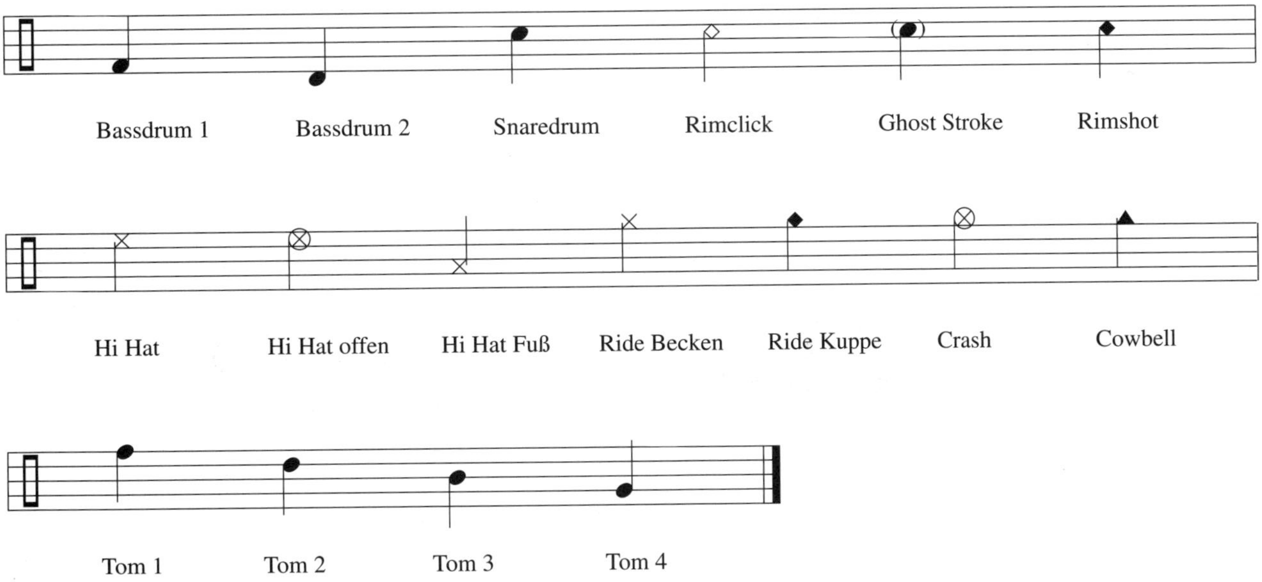

Welches Drum Setup brauche ich?

Das wichtigste ist, Dein Drumset übersichtlich zu halten. Hundert Tom Toms sehen zwar imposant aus, nur bringt es Dir nichts, wenn Dir Deine Instrumente beim Spielen immer im Weg stehen. Ein "Standard Rock Set" tut's auch. So sollte es aussehen:

- Bassdrum
- Snaredrum
- HiHat mit 14 Zoll Becken
- Ein Ridebecken in der Größe zwischen 20 und 24 Zoll
- Zwei Crashbecken in der Größe zwischen 16 und 24 Zoll
- Zwei bis drei Tom Toms in den Größen 8-, 10-, 12- oder 14-Zoll
- Eine Cowbell

Mit diesem "Standard Rock Set" kannst du überall mitspielen und kannst es jederzeit problemlos erweitern.

Wie stimme ich mein Drumset?

Deine Trommeln sind mit zwei Fellen bespannt. Das dickere Schlagfell, welches du zum Spielen benützt, ist oben über die Trommel gespannt. Das dünnere Resonanzfell erzeugt durch seine resonierende Schwingung den Sound der Trommel mit, es ist unten über die Trommel gespannt.

Beim Stimmen des Drumsets gehst du folgendermaßen vor: Zuerst spannst du das Schlag- und Resonanzfell so straff wie möglich. Das hat den Zweck, daß sich die Verklebungen am Fellrand lösen sollen. Ziehe nun die Stimmschrauben des Schlagfelles über Kreuz so lange an, bis sie am Spannreifen greifen. Dann drehst du die Stimmschrauben solange, bis die Trommel die gewünschte Tonhöhe hat. Merke Dir dabei die Anzahl der Umdrehungen der Stimmschraube, damit das Fell an jeder Stimmschraube gleichmäßig gespannt ist. Zur Feinstimmung schlägst du in der Nähe der Stimmschrauben auf das Fell. Alle angeschlagenen Punkte müssen nun gleich hoch klingen.

Zur Stimmung des Resonanzfelles gibt es drei Möglichkeiten. Hier die erste: du stimmst das Schlagfell und das Resonanzfell auf die gleiche Tonhöhe. So bekommst du einen sauberen Ton, der sehr lange nachklingt, aber nicht nach oben oder unten schwingt.
Möglichkeit zwei: Das Resonanzfell ist tiefer gestimmt als das Schlagfell. Dadurch schwingt der Ton leicht nach unten.
Dritte Möglichkeit: Das Resonanzfell ist höher gestimmt als das Schlagfell. Dadurch klingt der Ton kürzer und der Ton schwingt leicht nach oben.

Es gibt keine exakten Tonhöhen, auf die du Deine Trommeln stimmen mußt. Aber das Drumset muß "in sich stimmen". Stimme daher zuerst die Bassdrum, die Deine tiefste Trommel ist, so wie der Klang Dir am besten gefällt. Mit der Snaredrum, der höchsten Trommel, verfährst du genauso. Die Tom Toms mußt du jetzt so stimmen, daß sie gut in den Sound zwischen Bass- und Snaredrum passen.

Abkleben

Wenn die Trommeln oder Becken zu lange nachklingen, kannst du diese abkleben und so deren Ausklingverhalten ändern. Nimm dafür entweder Dämpfringe oder einfach ein Stück Klebeband und ein Papiertaschentuch. Damit klebst du am Fellrand ein kleines Stück ab und kannst so die Nachhallzeit der Trommel verringern. Bei den Becken läßt sich dieser Effekt durch Abkleben des Innenteils der Beckenglocke erreichen.

Der optimale Drumsound

Im folgenden gebe ich Dir ein paar Tips, wie du Deinen Drumsound verbessern kannst.

Stehst du mehr auf einen trockenen Bassdrum-Sound, so mußt du aus dem Frontfell der Bassdrum ein Loch herausschneiden. Lege ein kleines Becken, zum Beispiel das der HiHat, auf das Fell und schneide mit einem Teppichmesser ein Stück aus dem Fell heraus. Schon klingt Deine Bassdrum trockener.

Willst du Deine Bassdrum abdämpfen, kannst du das mit Decken, Kissen, Tüchern oder den im Musikgeschäft erhältlichen Dämmkissen tun, die du einfach in die Bassdrum legst. Ein Stück Noppenschaum und einen Gummimatte tun ebenfalls gute Dienste. Schneide den Noppenschaum und die Gummimatte in der Größe passend zu Deiner Bassdrum aus und klebe die Gummimatte unter den Noppenschaum. So bleibt der Schaum fest liegen, während du spielst.

Wenn du ein neues Schlagfell auf die Bassdrum aufziehst, mußt du zuerst dafür sorgen, daß sich die Verklebungen am Rande des Fells lösen. Sonst mußt du vor jedem Gig die Bassdrum neu stimmen, da sich das Fell durch Dein Spiel wieder entspannt hat.

Das Lösen der Verklebungen geht folgendermaßen: Als erstes mußt du die Spannschrauben kräftig anziehen. Dann legst du die Bassdrum mit dem Schlagfell nach oben auf den Boden und stellst dich in die Mitte des Fells. Keine Sorge, es reißt nicht. So lösen sich die Verklebungen und die Bassdrum bleibt in der Stimmung stabil. Mit Snaredrum und Tom Toms verfährst du ähnlich, indem du dich auf dieselben kniest und so die Verklebungen löst.

Wenn du einen kräftigen Bassdrumschlag oder einen harten Fußklöppel hast, kannst du dir aus einem alten, abgespielten Fell ein Stück herausschneiden und das Stück mit einem Klebeband auf das Schlagfell kleben. Das ist eine billige und gut funktionierende Möglichkeit, um ein schnelles Verschleißen des Schlagfelles zu verhindern. Du kannst natürlich auch Geld ausgeben und dir Aufklebepads kaufen, aber der Effekt bleibt derselbe.

Die Snare

Um eine gute Resonanz des Snareteppichs zu erreichen, empfehle ich dir das untere Resonanzfell sehr straff anzuspannen. Welches Schlagfell und welche Snarestimmhöhe du willst, ist wieder mal reine Geschmackssache. Probiere ruhig verschiedene Felle sowie verschiedene Stimmungen aus.

Die Tom Toms

Beginne hier mit dem unteren Resonanzfell. Lege das Tom Tom mit der Schlagfellseite nach unten auf Dein Knie. Dann schlägst du mit dem Stock auf die Fellmitte und drehst dabei die Stimmschrauben solange nach unten, bis du meinst den Ton gefunden zu haben, bei dem das Tom Tom die meisten Bässe hat und am saubersten klingt. Wenn du nun mit dem Stock am Rand des Felles von Stimmschraube zu Stimmschraube schlägst, hörst du verschiedene Tonhöhen. Die am häufigsten zu hörende Tonhöhe ist für dich der Maßstab und du drehst an den anderen Stimmschrauben so lange, bis du an jeder denselben Ton hörst. Mit dem Schlagfell wird ebenso verfahren.

Die Songs

Hier die lang ersehnten Songs. Zu jedem Song gibt's ein paar allgemeine Erklärungen. Du erfährst alles Wichtige über den Song, welche Band den Song aufgenommen hat und wer der Drummer war. Alles was man zu Stilistik etc. wissen muß, ist ebenfalls nachzulesen.

Twist And Shout (The Beatles)

Gegründet wurden die Beatles 1960 von John Lennon (v & g), Paul McCartney (v & b), George Harrison (v & g), Stu Sutcliffe (g) und Pete Best (dr). Stu Sutcliffe blieb, als die Band mal wieder in Hamburg spielte, in Deutschland zurück.
Schließlich wurde Anfang 1962 auch noch Drummer Pete Best durch Ringo Starr ersetzt und die Beatles waren damit komplett. George Martin, der das musikalische Potential der „Pilzköpfe" erkannte, wurde zu ihrem Produzenten. Am 4. Oktober 1962 erschien „Love Me Do" als Single und schaffte es bis auf Platz 17 der britischen Charts. Drei Monate später erschien „Please Please Me" und der erste Number-One-Hit war im Kasten. Danach ging es Schlag auf Schlag. Die Beatles beherrschten die Hitparaden und die gesamte Entwicklung der Popmusik, bis sich die Band am 11. April 1970 auflöste.
In nur acht Jahren haben die Beatles 22 Singles, 13 LP's und 14 Maxi's herausgebracht.

Einer der frühen Beatles Hits war „Twist & Shout". Zwar wurde dieser Song nicht von den Beatles geschrieben, sondern von Phil Medley und Bert Russell und auch von vielen anderen Bands und Künstlern interpretiert, aber die berühmteste Version ist wohl doch die der Beatles.

Aufnahme The Beatles - Please Please Me, Parlophone 1963.

Bassist Paul McCartney

Stilistik und Phrasierung Paul spielt mit dem Plektrum eine - vor allem für die Greifhand auf die Dauer anstrengende - aktive Achtelbassline. Alle Töne müssen legato gespielt und gleich stark bzw. gleich laut angeschlagen werden. Diese Bassline ist eine hervorragende Übung für Ausdauer und Kondition der Finger. Also immer locker bleiben und nicht verkrampfen!

Tonmaterial Paul verwendet hauptsächlich Akkordtöne der Dreiklänge C, F und G, die zusammengenommen die C-Dur-Tonleiter ergeben. Am Schluß wird's chromatisch bei einem typischen Blues-Ending.

Sound Hier empfiehlt sich - wohl dem, der ihn sein eigen nennt - ein Höfner Beatles Bass. Ansonsten geht auch ein Precision Bass mit etwas Bässen, einigen Mitten und etwas Höhen.

Drummer Ringo Starr

Stilistik Ringo spielt hier einen typischen Twistgroove. Die Snare kommt auf die Zählzeiten „2", „2+" und „4". Im Chorteil („Aaah") werden nur die Tom Toms und die Bassdrum gespielt. Den Schluß bildet ein typisches Blues Ending mit Vierteltriolen.

7
Bass

Twist And Shout

P. Medley und B. Russell

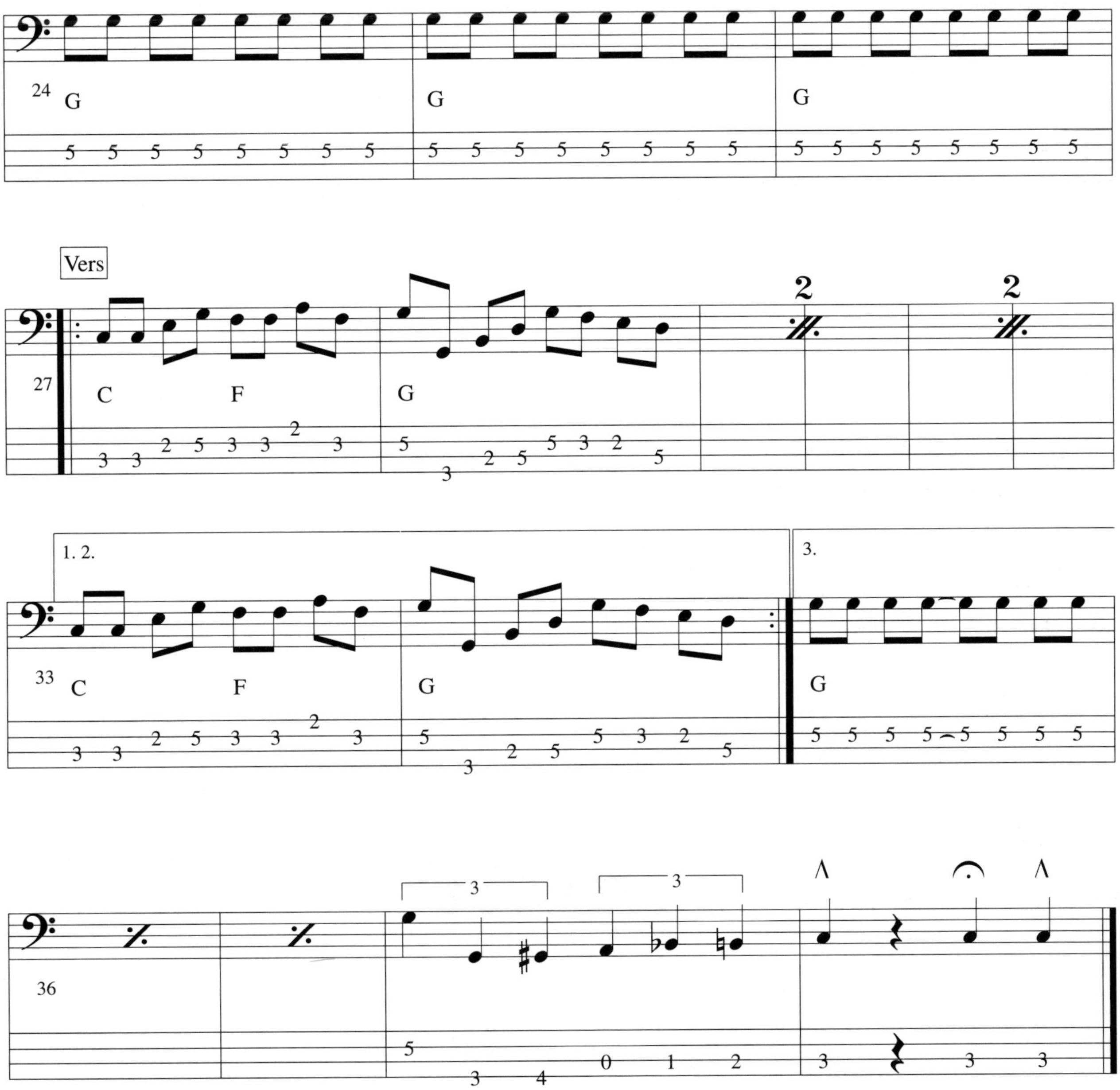

© by Robert Mellin Music Publ. (Rights Asigned To Screen Gems Emi)
Robert Mellin Musik Verlag für Deutschland, Österreich und Schweiz.

Twist And Shout

P. Medley und B. Russell

© by Robert Mellin Music Publ. (Rights Asigned To Screen Gems Emi)
Robert Mellin Musik Verlag für Deutschland, Österreich und Schweiz.

Crossroads (Eric Clapton, u.a.)

Ende des Jahres 1966 wurde Cream von Eric Clapton (g & v), Jack Bruce (b & v) und Ginger Baker (dr) gegründet. Bei ihren umjubelten Livekonzerten improvisierte dieses als „Supergroup" gefeierte „Power-Bluesrock-Trio" bis zu 30 Minuten über ein einziges Thema. Die Band existierte zwar nur knappe drei Jahre, doch wurden in dieser kurzen Zeit vier hervorragende Studioalben und zwei mitreißende Live LP's veröffentlicht. Gerade „Crossroads", ein alter Bluesklassiker aus der Feder von Robert Johnson, ist ein gutes Beispiel für den energievollen, treibenden Bluesrock a´ la Cream.

Aufnahme The Cream - Wheels Of Fire, Polydor 1968.

Bassist Jack Bruce

Stilistik und Phrasierung Jack Bruce spielte seinen Bass meistens mit den Fingern. Die Bassline ist rhythmisch anspruchsvoll und erfordert flinke Finger. Vorsicht bei Intro und Vers in den Takten fünf, sechs und zehn. Hier spielt Jack jeweils eine andere Figur.

Freiheit beim Begleiten und in der Improvisation war schon immer oberstes Gebot bei Cream. Deshalb wurde die Bassline zu Crossroads nicht komplett ausnotiert. Im Versteil, vor allem während des Gitarrensolos, kann man etwas „wilder" werden und mit der A- Bluestonleiter herumexperimentieren.

Tonmaterial Jack verwendet hauptsächlich die A-Bluestonleiter sowie chromatische Verbindungstöne.

Sound Jack spielte zu Cream-Zeiten einen Gibson EB-3 Bass. Heute findet man diesen Bass kaum noch. Deshalb wäre ein Fender Precision Bass mit einigen Bässen, einer gehörigen Portion Mitten und etwas Höhen zu empfehlen.

Drummer Ginger Baker

Stilistik Den Antrieb für diesen energiegeladenen Bluesrock gibt Ginger. Er spielt die Snare auf alle vier Viertel, bei leicht geöffneter HiHat. Auch die Bassdrum spielt untypisch auf „3+" und „4+".

Im Soloteil kann der Groove etwas variieren und beispielsweise wieder zum Standard-Rockgroove zurückkehren; Snare auf 2 und 4, Bassdrum auf 1 und 3.

Wir haben die Noten für die Bass-Stimme bewusst als Leadsheet notiert,um dir die Möglichkeit zu bieten, ein eigenes Riff im Stile von Jack Bruce zu erfinden. Hör dir deshalb das Riff von Jack auf der CD an und versuche es zu notieren. Anschließend spielst du deine eigenen Kreationen zum Playback. Noch ein Tip! was immer du dir ausdenkst, notiere es.

9

Bass

Crossroads

Robert Johnson

© Copyright (1978), 1990, 1991 King of Spades Music. International Copyright Secured. All rights reserved. Exclusive rights in Germany controlled by King of Spades Music Germany, Administrated by Termidor Musikverlag. Used by Permission.

Drums

Crossroads

Robert Johnson

© Copyright (1978), 1990, 1991 King of Spades Music. International Copyright Secured. All rights reserved. Exclusive rights in Germany controlled by King of Spades Music Germany, Administrated by Termidor Musikverlag. Used by Permission.

Paradise City (Guns 'n' Roses)

Die mittlerweile zur Kultband gewordenen Guns 'n' Roses wurden 1985 von Axl Rose (voc), Izzy Stradlin (g), Steven Adler (dr), Slash (g) und Duff McKagan (b) gegründet. Im Januar 1987 erschien bei einem Independent Label unter dem Titel „Live Like A Suicide" ihre erste Platte. Kurz danach nahm sich Geffen Records der „fünf Wilden" an. Im Sommer 1987 kam dann das offizielle Debütalbum „Appetite For Destruction", das nach leichten Startschwierigkeiten letztlich doch noch Platz 1 der amerikanischen Billboard Charts erreichte. „Paradise City" wurde 1989 ein Top 10 Hit und gilt neben den Hits wie „Welcome To The Jungle", „Sweet Child O'Mine" und „Knockin' On Heavens' Door" zu den besten und charakteristischsten Songs der „wildesten" Rock'n'Roll Band der Welt. Zwar hat man seit einigen Jahren nicht mehr allzuviel von ihnen gehört, was vor allem an den diversen Soloprojekten einzelner Bandmitglieder liegen dürfte, doch die Jungs waren bisher immer für eine Überraschung gut.

Aufnahme Guns 'n' Roses - Appetite For Destruction, Geffen 1987.

Bassist Duff McKagan

Stilistik und Phrasierung Duff McKagan spielt als typischer Rockbassist immer mit Plektrum und hat einen sehr aggressiven Anschlag. Die Bassline von „Paradise City" ist mit ihren vielen Sechzehntellicks etwas „funky" angehaucht und gehört somit sicherlich zu der Abteilung der anspruchsvollen und schwierigeren Rockbasslines. Wir finden zwei kleine rhythmische Akzente in Intro und ein nicht zu unterschätzendes Sechszehntelriff im Riffteil und in den Versen. Für beide Läufe und das Riff vor dem Refrain gilt: genau spielen und mit der Leadgitarre zusammen phrasieren, sonst wird es schwammig und undeutlich. Im Refrain geht's zwar nicht so wild zu, doch sollte man im vierten und siebten Takt aufpassen. Hier tauchen wieder einige Kicks und ein Lauf auf, die exakt mit dem Drummer zusammen gespielt werden müssen. Im Gitarrensolo finden wir erneut das Riff aus dem Riffteil vom Anfang. Aber Vorsicht, denn im fünften Takt wird nach A Dur moduliert. Der Double Time-Teil am Schluß ist eigentlich kein echtes Double Time, sondern noch etwas schneller.

Tonmaterial Duff verwendet überwiegend Töne aus der G- Moll-Pentatonik und chromatische Verbindungstöne.

Sound Duff McKagan spielt die noch relativ neuen „Fender Jazz Special" Bässe. Die Bässe sind mit einem Precision Bass- und einem Jazz Bass Pick Up bestückt, die übrigens beide passiv sind. Ein Fender Precision- oder Jazz Bass tut's aber auch für diesen rockigen Sound mit viel Bässen, wenig Mitten und einer guten Portion Höhen.

Drummer Steven Adler

Stilistik Steven spielt einen anspruchsvollen Rockgroove mit vielen Kicks, Drumfills und Breaks. In der Intro des Songs spielt er die Snare mit Flams, die Fuß HiHat und rhythmische Akzente auf der Bassdrum. Im Riffteil wechselt Steven zur offen gespielten Achtel HiHat und spielt eine Sechzehntelfigur auf der Bassdrum. Am Ende des Verses kommt ein mit Bass, Gitarre und Melodie unisono gespielter Sechzehntelbreak. Hier heißt es sauber spielen, sonst klingt's matschig. Damit sich der Refrain von den anderen Songteilen noch mehr abhebt, wird hier auf das Ridebecken gewechselt. Im vierten und siebten Takt des Refrains werden wieder rhythmische Akzente auf der Bassdrum gespielt.

Für den Übergang zum Double Time Teil kannst du dir eigene Breaks und Rolls über das gesamte Drumset ausdenken. Der Double Time-Teil am Schluß ist eigentlich kein echtes Double Time, sondern noch etwas schneller als Double Time.

11
Bass

Paradise City

Adler/McKagan/Stradlin/Rose/Slash

No Chord
27
G
G
C5
Refrain
31
G5
C5
F5 C5
G5
35
G5
C5
F5 C5
G5 F5
Guitar Solo
39
G
G
41
G
G
43
A
A

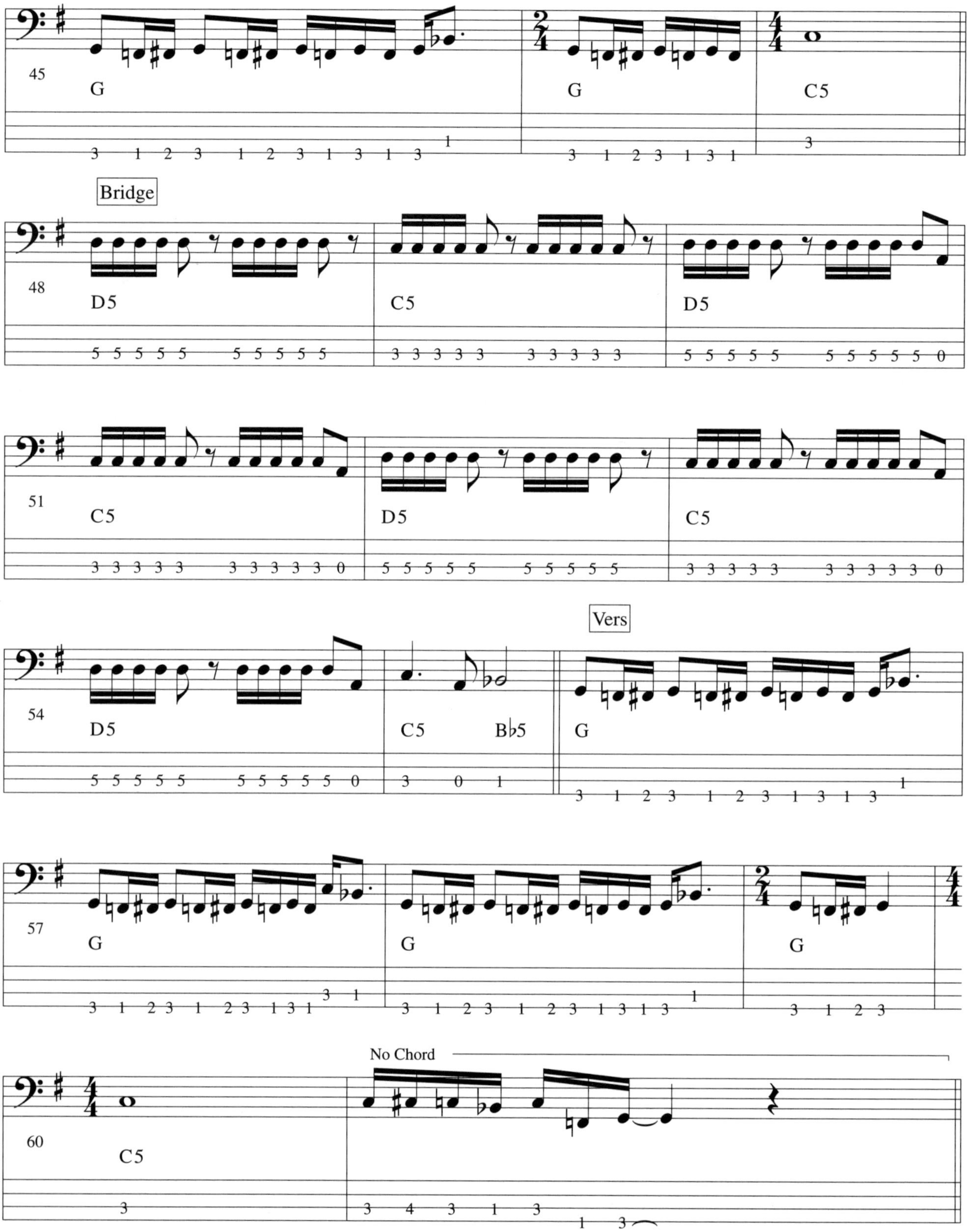
45
G
G
C5
Bridge
48
D5
C5
D5
51
C5
D5
C5
Vers
54
D5
C5
B♭5
G
57
G
G
G
No Chord
60
C5

Refrain
62
G5
C5
F5
C5
G5
66
G5
C5
F5
C5
69
G5
G5
G5
Double Time ♩ = 192
76
G5
G5
C5
C5
80
F5
C5
G5
G5
84
G5
G5
C5
C5

© 1988 by Guns n' Roses Music. Für Deutschland, GUS und osteuropäische Länder : Musikverlag Intersong GMBH, Hamburg

12
Drums

Paradise City

Adler/McKagan/Stradlin/Rose/Slash

35
Guitar Solo
39
43
46
Bridge
50
54
Vers
58
Refrain
61
64
67
Fill ad lib.

© 1988 by Guns n' Roses Music. Für Deutschland, GUS und osteuropäische Länder : Musikverlag Intersong GMBH, Hamburg.

Layla (Unplugged Version) (Eric Clapton)

Bereits 1970, kurz nach der Auflösung von Cream, gründete Eric Clapton mit einigen Freunden eine neue Band namens „Derek & The Dominoes", der leider nur kurzer Ruhm zuteil wurde. Die erste und einzige Studio-LP dieser Band hatte den Titel „Layla And Other Assorted Love Songs". Die LP erschien 1970 und enthielt den heute zum Klassiker gewordenen Song „Layla". Damals klang „Layla" rockiger als in der heute bekannteren „unplugged Version". Mit der 1992 erschienen Live-CD löste Eric Clapton zusammen mit MTV quasi die „Unplugged Welle" aus und „Layla" wurde zum zweiten Mal in Claptons Karriere ein Riesenhit.

Aufnahme Eric Clapton - Unplugged, WEA 1992.
Derek & The Dominoes - Layla And Other Assorted Love Songs, Polygram 1970.

Bassist Nathan East (Unplugged Version). Carl Raddle (Derek & The Dominoes).

Stilistik und Phrasierung Die Bassline, die leider auf dem Original sehr schwer zu hören ist, wird von Nathan East sehr „relaxed" im Swing Feel, also mit ternärer Rhythmik, gespielt. Im Gitarrensolo wie in der Coda wechselt Nathan von einer sogenannten Two Feel (=Halftime Feel) Bassline zu einer Walking Bassline. Die Töne werden gezupft und legato, das heißt „breit und lang klingend", gespielt.

Tonmaterial „Layla" steht in zwei Tonarten. Der Vers steht in E Dur, der Refrain sowie das Gitarrensolo und die Coda stehen in D-Moll. Im Vers verwendet Nathan in der Hauptsache Grund- und Akkordtöne. Im Refrain verwendet er außerdem Töne der D- Moll-Tonleiter. Man beachte im Refrain, daß Nathan vor jedem Wechsel zum C-Dur und D-Moll Akkord die jeweilige Quinte zum Grundton des neuen Akkord spielt. Also G als Quinte zu C, und A als Quinte zu D.

Sound Nathan spielt auf der Aufnahme eine Guild Acoustic Bass Guitar. Diese akustischen Bassgitarren sind in den letzten Jahren durch die Unplugged Welle ziemlich in Mode gekommen und fast jede Bassfirma hat so ein Modell auf den Mark gebracht. Für unsere Zwecke tut's aber auch ein normaler E-Bass. Am besten ein Fender Jazz Bass (hier nur Halstonabnehmer verwenden) oder ein Fender Precision Bass mit einigen Bässen und Mitten und wenig Höhen.

Drummer Steve Ferrone

Stilistik Hier ist ein sehr dezent und relaxt gespielter Slow Swinggroove auf Snare, HiHat (geschlossen und offen) und Bassdrum angesagt. Fills auf der Snare sind hier und da zu spielen, vor allem an den Übergängen zwischen den Formteilen des Songs.

Ergänzende Literatur aus dem LEU-VERLAG

Francis Buchholz Bass Magic (mit CD). So wirst Du ein gefragter Bassist auf der Bühne und im Studio. Die Erfolgsstrategie für Einsteiger und Fortgeschrittene. Mit Bass Magic zeigt Francis Buchholz, der als Bassist bei den Scorpions das erreichte, wovon viele träumen, den richtigen Weg, wie man ein guter Bassist wird. Alles, was an moderner Spieltechnik erlernt werden kann und was an Theorie und technischem Wissen gebraucht wird, findet sich in BASS MAGIC in sechs Kapiteln, mit Noten, Tabulatur, Fotos und einer CD mit 99 Takes (70 Minuten Übungen, Basslines und Songs in allen Stilistiken zum praktischen Mitspielen, aufgenommen mit einer Live-Band). ISBN 3-928825-27-5,120 Seiten, Fotos, mit CD

13

Bass

Layla

Eric Clapton/Jim Gordon

© 1970, 1971 und 1966 Eric Clapton (50%), Warner Chappell Music Ltd. 129 Park Street London W1 (50%).
© Jim Gordon (50%) E.C. Music Ltd. Throat Music Ltd. Für Deutschland, GUS und osteuropäische Länder
Neue Welt Musikverlag GmbH München, Chappell & Co GmbH Hamburg

Drums

14

Layla

♩ = 90 ♫ = ♩ ♪ (3)

Clapton/Gordon

© 1970, 1971 und 1966 Eric Clapton (50%), Warner Chappell Music Ltd. 129 Park Street London W1 (50%).
© Jim Gordon (50%) E.C. Music Ltd. Throat Music Ltd. Für Deutschland, GUS und osteuropäische Länder
Neue Welt Musikverlag GmbH München, Chappell & Co GmbH Hamburg

Born To Be Wild (Steppenwolf)

Wer kennt sie nicht, die Bikerhymne schlechthin? „Born To Be Wild" wurde Anfang 1968 veröffentlicht und sofort ein riesiger Hit. Mit entscheidend dafür war die unverwechselbare Stimme des charismatischen Lead Sängers John Kay, das prägnante Gitarrenriff von Michael Monarch und der Einsatz des Songs im Kultfilm „Easy Rider".

Mit „Born To Be Wild" hat Steppenwolf einen Klassiker der Rockgeschichte geschrieben. Hier noch einige Daten zu Steppenwolf: 1967 von John Kay (v & g), Goldie McJohn (org), Jerry Edmonton (dr), Mike Monarch (g) und Rushton Moreve (b) in Toronto, Kanada, unter dem Namen Sparrow gegründet. 1967 ist die Band ins sonnige Kalifornien umgezogen und in Steppenwolf umbenannt worden, nach dem gleichnamigen Roman von Hermann Hesse.

Insgesamt hatte die Band fünf größere Hits: „Born To Be Wild" (1968), „The Pusher" (1968), „Sookie, Sookie" (1968), „Magic Carpet Ride" (1968) und „Rock Me" (1969). Nach dem dritten Album schien das kreative Potential der Band dann aufgebraucht und die Auflösung erfolgte 1972. Diverse „Reunion-Versuche" in den Jahren 1974 und 1988 bleiben allerdings relativ erfolglos.

Aufnahme Steppenwolf I, MCA 1968.

Bassist Rushton Moreve.

Stilistik und Phrasierung Rushton Moreve hat hier eine der meist kopierten Basslines gespielt. Der Einstieg in den Vers ist weltbekannt. Im Vers verwendet Rushton eine interessante Rhythmik, nämlich die Betonung der Off Beats. Im Übergangsteil zum Refrain (TB = Transitional Bridge) finden wir im zweiten, vierten und sechsten Takt einen tollen Basslauf. Im Refrain ist vor allem auf die Oktavsprünge aufmerksam zu machen. Und zum Schluß hin wird's richtig wild. Rushton spielt übrigens alles pizzicato mit einem relativ aggressiven Anschlag und verwendet des öfteren die Slide-Technik.

Tonmaterial Rushton erweist sich als Meister der E-Moll-Pentatonik und spielt darin viele interessante Läufe.

Sound Hier tut's wieder der Fender Precision Bass Sound.

Drummer Jerry Edmonton

Stilistik Ein mit viel Energie gespielter Achtel-Rockgroove über zwei Takte ist die Grundlage des Songs. Die Bassdrum spielt die Off Beats der Bassline mit. Im Refrain wird die Snare auf alle vier Viertel gespielt. Gegen Ende des Refrains wird ein interessanter Groove auf den Tom Toms und der Bassdrum gespielt. Achte auf die Phrasierung des Drumfills - gespielt auf Crash, Snare und Bassdrum - vor dem zweiten Vers und kurz vor dem Ende des Songs.

15

Bass

Born To Be Wild

Mars Bonfire

27
E G G A
31
G E E E D
36
E D E D E D
Interlude
42
E E E E
46
E E E E
50
E E E E

© Copyright 1968 Manitou Music, USA. MCA Music Ltd. 77 Fulham Palace Road, London W6.
Used by permission of Music Sales Ltd. All Rights Reserved. International Copyright Secured.

Born To Be Wild

Mars Bonfire

© Copyright 1968 Manitou Music, USA. MCA Music Ltd. 77 Fulham Palace Road, London W6.
Used by permission of Music Sales Ltd. All Rights Reserved. International Copyright Secured.

Hey Joe (Jimi Hendrix)

Nachdem Jimi sich selbst das Gitarrenspiel beigebracht hatte, spielte er zu Beginn der 60er Jahre als Begleitgitarrist für Künstler und Bands wie Sam Cooke, B.B. King, Jackie Wilson, Little Richard, Wilson Pickett und Ike & Tina Turner. 1965 gründete er seine erste eigene Band namens Jimmy James & The Blue Flames. 1966 entdeckte der Animals Bassist Chuck Chandler diese Band und überredete Jimi, mit ihm nach England zu gehen, um dort eine neue Band für ihn zusammenzustellen. Jimi folgte ihm nach London und kurz darauf wurde die „Jimi Hendrix Experience" gegründet. Mit Jimi an der Gitarre, Mitch Mitchell an den Drums und Noel Redding am Bass.

Im selben Jahr erschien mit „Hey Joe" die erste Single der Band. Die Platte kletterte die Charts hinauf und machte Jimi Hendrix über Nacht weltberühmt. Wie wir wissen, war Jimi's Karriere schnell und steil, aber leider auch genauso schnell vorüber wie sie begann. Am Freitag, 18. September 1970 starb Jimi Hendrix. Die offizielle Todesursache lautete: Ersticken an Erbrochenem.

Aufnahme Jimi Hendrix - Are You Experienced?, Polydor 1967.

Bassist Noel Redding.

Sound Hier muß ein Fender Jazz Bass mit viel Bässen, einigen Mitten und etwas Höhen her.

Drummer Mitch Mitchell

17

Bass

Hey Joe

W. M. Roberts

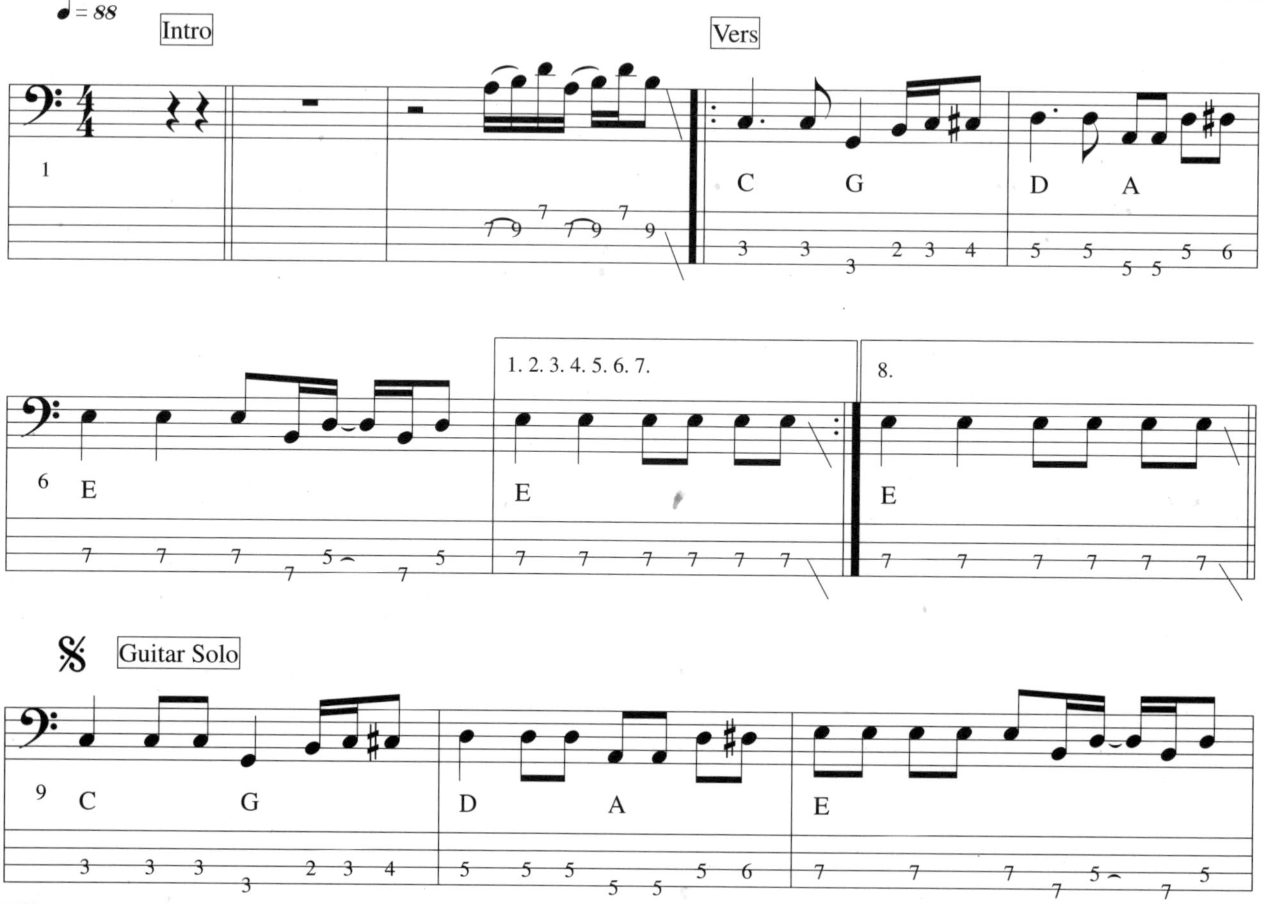

© Copyright 1962,, 1965 und 1966 by Third Story Music Inc., New York.
Melodie der Welt, J. Michael KG Musikverlag, Freankfurt/Main für Deutschland, Österreich, Schweiz.

18

Drums

Hey Joe

W. B. Roberts

© 1962, 1965 und 1966 by Third Story Music Inc., New York.
Melodie der Welt, J. Michael KG Musikverlag, Frankfurt/Main für Deutschland, Österreich, Schweiz.

While My Guitar Gently Weeps (The Beatles)

Der Song „While My Guitar Gently Weeps", von George Harrison komponiert und 1968 auf dem „White Album" der Beatles erschienen, drückt George Harrisons melancholische Betrachtungsweise des Zeitgeschehens aus. Zu all den verdrehten, manipulierten und pervertierten Menschen „weint" seine Gitarre leise vor sich hin. Übrigens: Die Songs auf dem „White Album" wurden erstmals nicht gemeinschaftlich von den Beatles im Studio aufgenommen. Ein erstes Anzeichen für die baldige Auflösung der Band? Vielleicht. Außerdem waren bei den Aufnahmen reichlich „Studiogäste" zugegen. Das Gitarrensolo von „While My Guitar Gently Weeps" hat kein geringerer als Eric Clapton gespielt.

Aufnahme The Beatles - The White Album, EMI 1968.

Bassist Paul McCartney.

Stilistik & Phrasierung So, endlich sind wir mal bei einer wirklich außergewöhnlichen und ausgefallenen Bassline angelangt. Denn dafür ist Paul McCartney ja bekannt. Viele mögen denken, daß Paul ein exzellenter Sänger und Songwriter, aber ein mittelmäßiger Bassist war und ist. Doch weit gefehlt, Freunde! Wenn man mal genauer hinhört und hinsieht, dann rollen einem wahrlich die Tränen in die Augen. Nicht umsonst bezeichnen viele heute weltberühmte Bassisten Paul McCartney als ihr großes Vorbild. Bei diesem Song spielt Paul mit dem Plektrum, was er übrigens bei den meisten Beatles Songs getan hat.

Die Bassline des Songs strotzt nur so vor Bass-Spezialitäten. So zum Beispiel im siebten Takt des A Teils und im vierten Takt des Solos. Hier wird Grundton, Quinte und der oktavierte Grundton als Powerchord gespielt. Außerdem gibt's noch melodische Läufe in den ersten drei Takten des B Teils, Terzbässe (zweiter Takt der Intro, zweiter und sechster Takt des A Teils etc.). Darüber hinaus ist diese Bassline auch technisch sehr anspruchsvoll. Da muß man sich an manchen Stellen schon ganz schön flink auf dem Griffbrett bewegen, damit die Linie auch gut klingt.

Tonmaterial Als Tonmaterial verwendet Paul Grundtöne, Grundtöne und Quinten für seine Double und Triple Stops, Arpeggio- und Tonleitertöne der jeweiligen Akkorde und auch schon mal einen chromatischen Verbindungston für seine überaus melodischen Läufe.

Sound Auch hier empfiehlt sich ein Precision Bass Sound mit einigen Bässen, einigen Mitten und wenig Höhen. Wie wir wissen, sind die alten Höfner Bässe sehr rar geworden.

Drummer Ringo Starr

Stilistik Ein typischer Drumgroove für Popballaden. In der Intro spielst Du Bassdrum nebst offener Hihat. In der Strophe besteht dein Drumgroove aus Achtel-HiHat, Snare und Bassdrum. Im Refrain wird von der Hihat auf das Ridebecken gewechselt. Drumfills - gespielt mit Bassdrum, Snare und Tom Toms - werden an den Übergängen zwischen den einzelnen Songteilen gespielt.

19

Bass

While My Guitar Gently Weeps

G. Harrison

A
21 Am Am/G D9/F♯ Fmaj7 Am G
24 D E Am Am/G D9/F♯ Fmaj7
Solo
27 Am G D E Am Am/G
30 D9/F♯ Fmaj7 Am G
32 D E Am Am/G
34 D9/F♯ Fmaj7 Am G

B
36 C E
A C♯m
F♯m/A C♯m
39 Bm
E
A C♯m
42 F♯m/A C♯m
Bm
E
45 Am Am/G
D9/F♯ Fmaj7
Am G
48 D E
Am Am/G
D9/F♯ Fmaj7
Outro
51 Am Am/G
C E
Am Am/G

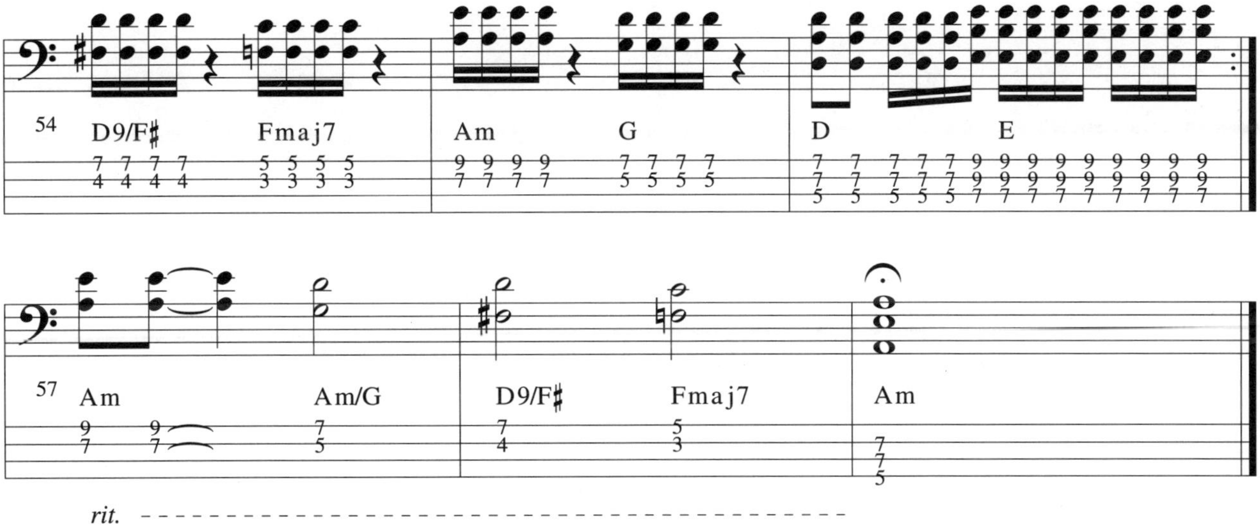

© 1968 by Harrisongs Ldt. Alle Rechte für Deutschland, Österreich, Schweiz und ehemalige Ostblockstaaten
bei Global Musikverlag, München

20

Drums

While My Guitar Gently Weeps

G. Harrison

26
Solo
29
32
35
B
38
41
A
44
47

© 1968 by Harrisongs Ltd. Alle Rechte für Deutschland, Österreich, Schweiz und ehemalige Ostblockstaaten
bei Global Musikverlag, München

Still Got The Blues (Gary Moore)

Gary Moore spielte bereits im Alter von 16 Jahren mit dem Bassisten Phil Lynott (siehe Thin Lizzy) in der Formation Skid Row (nicht die aus den USA!). Gary Moore verließ die Band für ein Soloprojekt. Als dieses Album floppte, schloß sich Gary der neuen Band Thin Lizzy seines alten Kumpels Phil Lynott an. 1976 wurde Gary dann Gitarrist bei Colosseum II, mit denen er drei LP's aufnahm. 1977 gründete er die Band G-Force.
1979 erschien Gary's erste Hitsingle „Parisienne Walkways". Es folgten zwei weitere interessante Alben. 1984 erschien „We Want Moore" mit dem Hit „Empty Rooms" und 1985 „Run For Cover". Es folgten noch drei Alben - „Rockin' Every Night" (1986), „Wild Frontiers" (1987) und „After The War" (1988), ehe es still wurde um Gary Moore.
1990 gelang ihm mit „Still Got The Blues" ein grandioses Comeback. Mit dieser CD und der gleichnamigen, ausgekoppelten Hitsingle gelang Gary Moore der entscheidene Beitrag zur Wiederbelebung des Blues.
1992 veröffentlichte er die Blues-CD „After Hours", auf der u.a. berühmte Blueskollegen wie B.B. King mitmachten. 1993 erschien die interessante Zusammenstellung „Blues & More", auf der vor allem alte Aufnahmen mit Skid Row, G-Force, Colosseum II und Phil Lynott zu hören sind. Ebenfalls 1993 erschien die CD „Blues Alive" mit Livemitschnitten neuerer und alter Gary Moore-Hits. Schließlich spielte Gary 1995 noch die CD „Blues For Greeny" ein, die der Bluesgitarrenlegende Peter Green von den alten Fleetwood Mac gewidmet ist.

Aufnahme Gary Moore - Still Got The Blues, Virgin 1990.

Bassist Andy Pyle (war früher auch mal bei The Kinks).

Stilistik & Phrasierung Der Bassist hat zwar recht wenig zu tun, doch sollte man diese Bassline nicht unterschätzen. Die wenigen Töne werden gezupft, exakt auf den Punkt gespielt und müssen vor allem extrem lang ausgehalten werden, sonst „grooved" es nicht. Es ist eben eine typische Balladenbassline, streng nach dem Motto: „Noch weniger ist noch mehr".

Sound Hier empfiehlt sich - ja, schon wieder - ein Fender Precision Bass mit satten Tiefen, einigen Mitten und etwas Höhen.

Drummer Graham Walker

Stilistik Typische Rockballade, die eigentlich im 12/8-Takt notiert werden müßte. Doch aus Gründen der Übersichtlichkeit haben wir sämtliche Stimmen von „Still Got The Blues" im 4/4-Takt notiert. Bei Fragen bitte unter dem Kapitel „Rhythmik" nachschauen.
Exaktes Timing, gefühlvolle Phrasierung sowie dezente und sparsame Spielweise sind hier sehr wichtig. In der Intro und der Bridge sind Ridebecken, Snare und Bassdrum angesagt. Im Vers, Refrain und im Soloteil wird von der HiHat auf das Ride Becken gewechselt. Die betont sparsamen Drumfills werden bei den Übergängen auf Snare und Tom Toms gespielt.

21

Bass

Still Got The Blues

Gary Moore

© Emi 10 Music Ltd. Alle Rechte für Deutschland, Österreich, Schweiz und osteuropäische Länder liegen bei Emi Virgin Music Publ. Germany GmbH

22

Drums

Still Got The Blues

Gary Moore

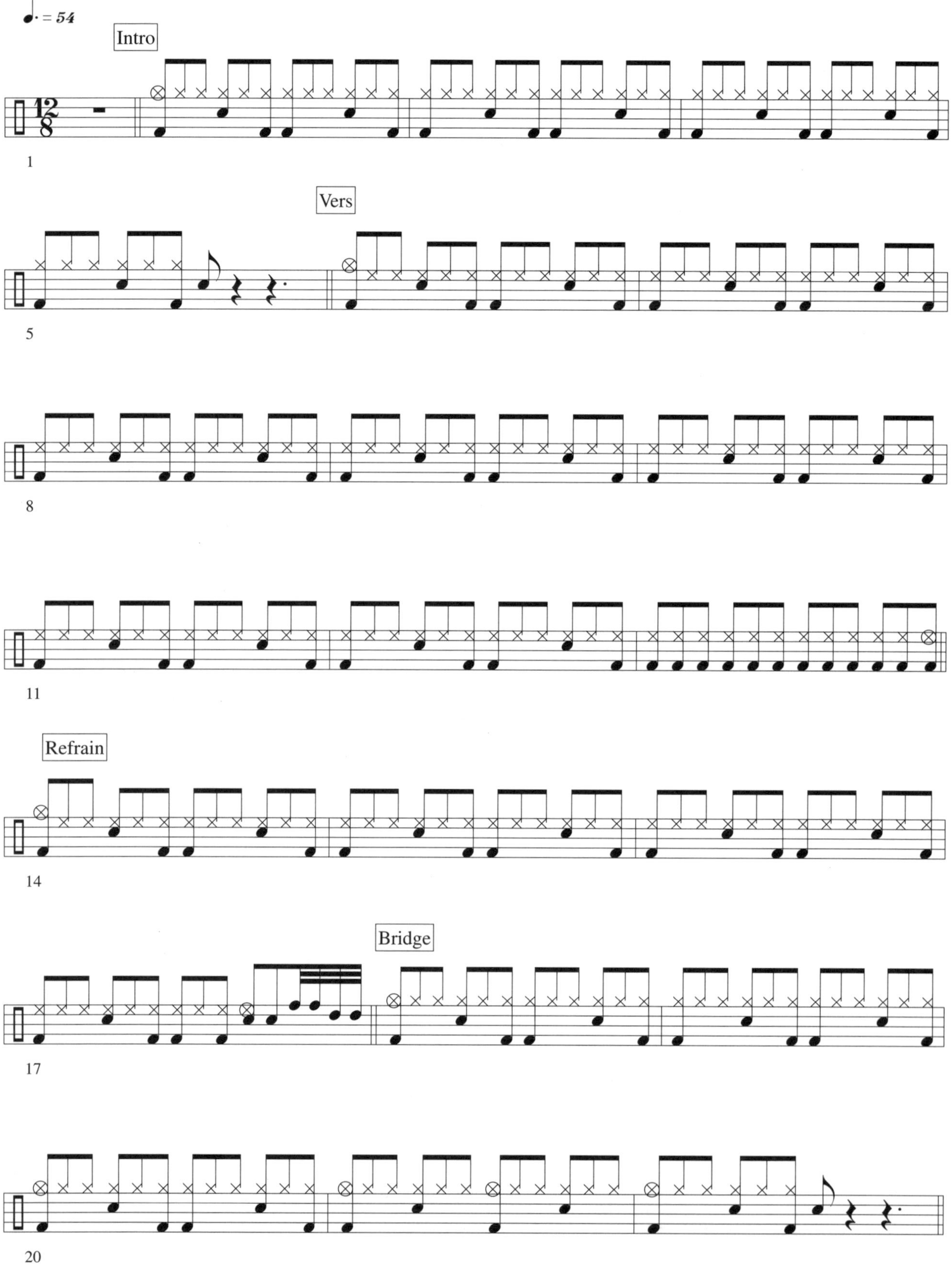

© Emi 10 Music Ltd. Alle Rechte für Deutschland, Österreich, Schweiz und osteuropäische Länder liegen bei Emi Virgin Music Publ. Germany GmbH

Roxanne (Police)

Gegründet 1977 in London von den beiden Engländern Gordon Sumner alias „Sting" (b & v) und Andy Summers (g) und dem Amerikaner Stewart Copeland (dr). Gleich mit ihrem ersten Album „Outlandos d'Amour" (1979) und der Singleauskopplung „Roxanne" wurde dieses virtuose „New Wave" Trio über Nacht weltberühmt. Die intelligente Mischung von Reggaegrooves mit Stilelementen aus schnellem New Wave, Ska, Funk, Jazz u.a. wurde zum Markenzeichen dieses Supertrios der 80er Jahre.

Jeder der drei Musiker war ein Meister seines Faches. Sei es die antreibende Filigrantechnik des Drummers Stewart Copeland, seien es die minimalistischen Bassgrooves nebst der markanten Stimme von Sting oder das melodiöse Akkordspiel des Gitarristen Andy Summers.

Nach „Roxanne" produzierten die drei „Polizisten" Hitsingles wie „Message In A Bottle", „Walking On The Moon", „Every Little Thing She Does Is Magic", „Every Breath You Take" oder „King Of Pain" wie am Fließband. Wegen der Soloprojekte der einzelnen Mitglieder wurde THE POLICE im Sommer 1987 aufgelöst. Die fünf Studioalben der Band sollten jedoch in keinem Plattenschrank fehlen.

Aufnahme Police - Outlandos d'Amour, A & M Records 1978.

Bassist Sting.

Stilistik & Phrasierung Hier haben wir es mit einer anspruchsvollen, synkopierten Bassline im Reggae Feel zu tun. Minimalistische Basslines sind auch heute noch ein Markenzeichen von Sting. In Intro, Vers und in der Überleitung zum Refrain (TB=Transitional Bridge) beginnt Sting reggaetypisch auf der „1+".

Im Refrain haben wir es mit einer Achtelbassline zu tun, die ebenfalls synkopiert ist und jeden Akkordwechsel vorzieht. In den Refraintakten vier, sechs, sieben, acht, neun und zehn erkennt man außerdem eine chromatische Anspielung des Grundtons auf den Zählzeiten „1" und „3". Das kennt man vor allem aus dem Rock'n'Roll, wo Bass und Gitarre diese Figuren oft zusammen spielen. Eine harmonische Besonderheit fällt im Interlude ins Auge. Während die Gitarre auf dem G-Moll-Akkord bleibt, wechselt der Bass zwischen den Tönen F und G. Übrigens: Für „Roxanne" das Plektrum einsetzen.

Tonmaterial Neben den Grundtönen der Akkorde verwendet Sting nur noch chromatische Verbindungstöne.

Sound Hier empfiehlt sich ein Fender Precision Bass, den auch Sting zu Police-Zeiten häufig im Einsatz hatte.

Drummer Stewart Copeland

Stilistik Stewart spielt einen treibender Drumgroove mit Viertelnoten auf HiHat bzw. Ridebecken im Vers. Die Snare wird hier rocktypisch auf die Zählzeiten zwei und vier gespielt, die Bassdrum hingegen eher rockuntypisch auf die „1+". Charakteristisch für den Song sind auch die „Vorzieher" in Vers, Transitional Bridge (TB) und Refrain. Im Refrain wechselt er ebenfalls zu einer offen gespielten Achtel-HiHat und einer gerade gespielten Bassdrumfigur als Grundgroove. In der Interlude wird der Versgroove leicht variiert, indem Stewart die Bassdrum jetzt auf die „4+" und die „1" spielt. Gelegentliche Fills werden auf Snare und Tom Toms gespielt.

23

Bass

Roxanne

Sting

31
Cm
Fsus4
G7sus4
G5
C5
B♭5
Refrain
35
B♭5
B♭7
F5
F5
G5
39
G5
G5
C5
B♭5
B♭5
B♭5
E♭5
F5
43
F5
F5
G7sus4
Interlude
Vers
47
Gm
Gm/F
Gm
Gm/F
Gm
F6
E♭maj7
Dm
55
Cm
Fsus4
G7sus4
Gm
F6
E♭maj7
Dm

© 1978 by G.M. Sumner. Magnetic Publ. Ltd. London W1. Used by Permission Of Music Sales Ltd.
All Rights Reserved. International Copyright Secured.

24

Drums

Roxanne

Sting

Refrain
35
38
41
44
Interlude
48
Vers
52
56
60

© 1978 by G.M. Sumner. Magnetic Publ. Ltd. London W1. Used by Permission Of Music Sales Ltd.
All Rights Reserved. International Copyright Secured.

Whiskey In The Jar (Trad. Thin Lizzy u.a.)

Thin Lizzy, der Name geht auf das berühmte Ford Automobil „Tin Lizzy" zurück, wurde 1970 in Dublin von Phil Lynott (b & v), Eric Bell (g), Brian Downey (dr) als Trio gegründet. 1971 erschien das erste Album mit dem Titel „Thin Lizzy", das jedoch ein Flop wurde. Daraufhin übersiedelte die Band nach London, um näher am Nabel der damaligen Musikwelt zu sein. Der Erfolg stellte sich allerdings erst ein, als die Band die Single „Whiskey In The Jar" herausbrachte. 1973 gelangte das alte irische Volkslied in der bekannten verrockten Version - eigentlich ein für Thin Lizzy stilistisch ziemlich untypischer Song - in die Top Ten der englischen Hitparade und machte die Band berühmt.
Die Band wurde von Phil Lynott im Laufe der nächsten zehn Jahre ständig umbesetzt. Die Gitarristen Gary Moore (siehe Kapitel Still got the blues) Andy Gee, John Cann, Scott Gorham, Brian Robertson, Snowy White, John Sykes (ja, der von Whitesnake) und Midge Ure von Ultravox gaben sich die Türklinken in die Hand. Auch Urdrummer Brian Downey wurde von Mark Nauseef abgelöst. Dennoch hatte Phil Lynott mit seiner Band auch nach dem Erstlingshit einige weitere Erfolge zu bieten. Vor allem der 1976er Hit „The Boys Are Back In Town" schoß die Charts hinauf. Der typische Thin Lizzy Sound mit Phils kehliger Stimme und den melodischen „Doppelgitarrenpassagen" war einmalig und kam auch weiterhin gut beim Publikum an. Doch die Drogenexzesse, auch die von Bandchef Phil Lynott, brachten die Band immer näher an den Rand des Abgrunds. Spätestens als Phil 1980 dann mit seiner Solokarriere begann, die übrigens nicht so recht funktionierte, war das endgültige Aus von Thin Lizzy abzusehen.
Die Band wurde schließlich 1983 aufgelöst. Private Probleme und der Frust über seine steckengebliebene Karriere trieben Phil mehr und mehr zu exzessivem Drogen- und Alkoholkonsum. Am 4. Januar 1986 starb er in London an Herzversagen und Lungenentzündung nach einer Blutvergiftung.

Aufnahme Thin Lizzy - Thin Lizzy, Decca 1971.

Bassist Phil Lynott.

Stilistik & Phrasierung Phil spielte seine Basslines immer mit Plektrum. Hier haben wir es mit einer eher Lynott „untypischen" Bassline zu tun, denn sie ist melodisch wie rhythmisch sehr einfach gehalten und ausschließlich auf die Grundtöne der Akkorde bezogen. Wichtig ist hier das Feeling: Sauberes, unaufdringliches Spiel mit weichem Anschlag.

Tonmaterial Phil verwendet für diese Bassline ausschließlich die Grundtöne der vorkommenden Akkorde.

Sound Phil arbeitete immer mit „dem klassischen" Rock Set Up: Bass, Kabel, Amp, Box. Er spielte in seiner kurzen, aber doch sehr intensiven Laufbahn ausschließlich Fender Precision Bässe.

Drummer Brian Downey

Stilistik Typischer Achtelrock mit zweitaktiger Bassdrumfigur, leicht geöffneter HiHat, sowie Snare und Crash Becken in der Intro und den Versen. Im Refrain spielt Brian die Snare auf „2" und „2+" und baut noch einige Akzente auf offener und geschlossener HiHat in den Groove im zweiten Takt ein. Für die Übergänge in neue Formteile des Songs sorgen Fills auf der Snare.

25

Bass

Whiskey In The Jar

trad. irish

22
C
C
G
G
Refrain
26
D
D
C
C
Fade Out on D.S.
30
C
C
G
G
G
F
34
Em
Em
G
G
38
Em
Em
C
C

42
G
G
G
G
46
Em
Em
C
C
Refrain
50
G
G
D
D
54
C
C
C
57
C
G
G
G
F
D.S. al Fade Out
senza rep.

Ergänzende Literatur aus dem LEU-VERLAG

Jack Bruce Bluesbass (mit CD). So spielst Du Blues auf dem E-Baß: Training für deine Blues-Basslines. Die 35 besten Bluesbasslinien, die fünfzig Blueslicks, die immer passen. In der Blues Session: Sieben Songs, live, TAB und auf CD. Jack Bruce zeigt die besten Basslines und die Spieltechniken, Licks und Tricks der besten Bluesbassisten. Viele Basslicks fürs Solospiel und eine Bluestabelle, damit du problemlos in allen Tonarten spielst. Auf CD: alle Basslines zum Hören und Mitspielen und die sieben Play Along-Songs, „live" gespielt. ISBN 3-928825-21-6, 100 Seiten, Fotos, mit CD. „Ich kann das Lehrbuch mit CD als Bassist nur bestens empfehlen". (Der Rockmusiker 4/93)

26

Drums

Whiskey In The Jar

♩ = 126

trad. irish

Guitar Solo
34
38
42
46
Refrain
50
54
58
D.S. al Fade Out
senza rep.

Hurry Up Boy (Leuband) Hier schlägt die „Leu Band“ wieder zu. Diesmal mit dem Song „Hurry Up Boy“, einem rockigen Boogie im Stile von ZZ Top.

Bassist Markus „Miller“ Fritsch

Stilistik & Phrasierung Spielen muß man das ganze im Shuffle Feel - der Fachmann würde es auch „ternäre Phrasierung“ nennen. Die Walking Bassline wird gezupft und die Töne lange gehalten.

Tonmaterial Akkordtöne, A-Blues-Tonleiter, chromatische Verbindungstöne.

Sound Fender Precision Bass Sound. Paßt fast immer.

Drummer Bodo Schopf

Stilistik Bodo spielt einen rockigen Boogie (Shufflefeel) mit durchgehender Bass-drum, offener Viertel-HiHat. Die Snare wird wie üblich auf zwei und vier gespielt. In den Übergängen kommen triolisch gespielte Drumfills auf der Snare zum Einsatz, die manchmal auf die Tom Toms ausgeweitet werden.

27

Bass

Hurry Up Boy

Kellert/Lonardoni/Fritsch

B
16
A
E7
A
21
A
E
25
E
A
A
D7
29
D♯°7
A
E7
A
C
33
E7
A
37
E
E7

42
A
A
D
45
D
A
E
A
D
49
E
A
A
53
A
E
57
E
A
A
D
61
D♯°7
A
E
A

E
65
E7
A
A
69
A
A
E
73
E
A
A
D7
77
D♯°7
A
E
80
A
A/ E
A
A
A
Free Time

28

Drums

Hurry Up Boy

Kellert/Lonardoni/Fritsch

♩ = 152 ♫ = ♩ ♪ (3)

D
E
Fill ad lib.

Funky Daydream (Leuband)
Jetzt gibt's einen funky gespielten Blues im Stile der leider schon verstorbenen Blueslegende Albert Collins.

Bassist Markus „Miller" Fritsch

Stilistik & Phrasierung Funky Bassline mit Sechzehntelnoten, gezupft gespielt. Die Rhythmik des Grundpatterns ist auf den ersten Blick nicht ganz so einfach. Im Gitarrensolo kann man vom Grundpattern etwas abweichen und das Ganze freier spielen.

Tonmaterial G-Blues-Tonleiter und chromatische Verbindungstöne.

Sound Fender Precision Bass Sound.

Drummer Bodo Schopf

Stilistik Hier spielt Bodo einen „Hip Hop ähnlichen" Drumgroove mit einer Achtel-HiHat, die manchmal geschlossen bzw. offen gespielt wird. Die Bassdrum sorgt mit Sechzehntelfiguren für die typischen „funky Kicks".

29

Bass

Funky Daydream

Kellert/Lonardoni/Fritsch

13 G7 G7 D7/9
16 G7 C7/9 G7 D7/9
C
19 G7 D7/9 G7 G7
22 G7 D7/9 G7
25 C7/9 G7 D7/9 G7 D7/9
D
28 G7 G7 G7
31 D7/9 G7 C7/9

34 G7 D7/9
G7 D7/9
E
G7
37 G7
G7
D7/9
40 G7
C7/9
G7 D7/9
43 G7 D7/9
F
G7
G7
46 G7
D7/9
G7
49 C7/9
G7 D7/9
G7 D7/9
G
52 G7
G7
G7

55
D7/9
G7
C7/9
58
G7
D7/9
G7
D7/9
H
G7
61
G7
G7
D7/9
64
G7
C7/9
G7
D7/9
Outro
67
G7
D7/9
G7
D7/9

30

Drums

Funky Daydream

Kellert/Lonardoni/Fritsch

E
36
40
F
44
48
G
52
56
H
60
64
Outro
68

Das Equipment

Die Geschichte der Rockmusik ist gleichzeitig die Geschichte der Entwicklung im Gitarren-, Bass- und Equipmentbau. Viele Firmen waren und sind bemüht, den Wünschen und Anforderungen der Stars gerecht zu werden. So nach dem Motto: "Was der Star spielt, spielt auch dessen Fan." In den Anfangszeiten der Rockmusik gab es nicht viele Firmen und dementsprechend gering war auch die Auswahl an vernünftigem Equipment. Ein Grund, warum in den fünfziger und sechziger Jahren fast alle Bassisten dasselbe Equipment spielten. Meist waren es Fender Bässe, gespielt über Bassanlagen von Ampeg oder Fender. Heute hingegen hast Du ein Riesenangebot zur Auswahl. Doch eines gleich vorneweg: es gibt gutes und schlechtes Equipment und teures und billiges Equipment. Teures Equipment ist nicht immer gut und billiges Equipment nicht zwangsläufig schlecht. Nicht alles, was auf den ersten Blick toll aussieht, erweist sich dann "On The Road" als nützlich und zweckmäßig. Manchmal ist das alte Setup "Bass/Kabel/Amp/Box" gar nicht so falsch. Hier ein paar Tips, die Du beim Kauf beachten solltest.

Der Bass

Der viersaitige Bass ist nach wie vor der am meisten verwendete Bass in der Musik. Mit ihm kommt man in jeder Band problemlos über die Runden. Wenn Du häufiger "tief in den Keller" mußt, solltest Du dir einen Fünfsaiter mit tiefer B-Saite zulegen.

Ibanez Four String Bass

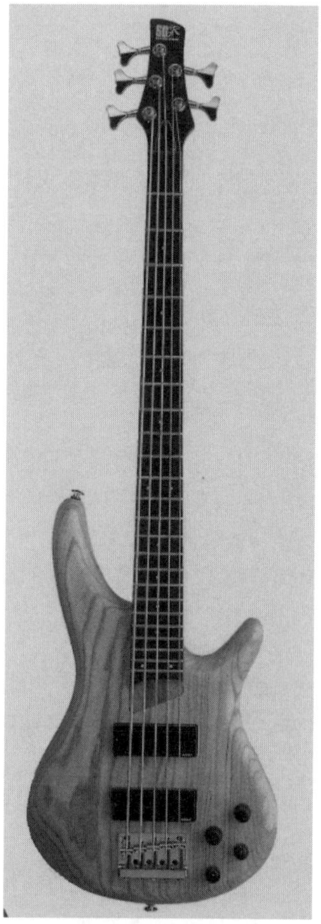

Ibanez Five String Bass

Ob der Hals des Basses durchgehend oder an den Korpus angeschraubt ist, hat meiner Meinung nach nicht allzu große Bedeutung. Die Breite des Halses solltest Du allerdings berücksichtigen, wenn Du kleine Hände hast. Ein Instrument in der Art des Fender Jazz Bass ist dann die bessere Wahl als zum Beispiel ein Fender Precision Bass, der einen sehr breiten Hals hat.

Wichtig für den Klang deines Basses sind die Pick Up's. Es gibt passive und aktive Pick Up's für Bässe. Viele Bassisten, ich inklusive, schwören auf den Sound der alten Fender Bässe, die mit passiven Pick Up's bestückt sind. Wer den Grundsound seines Basses stärker variieren möchte, wird mit aktiven Pick Up's besser bedient sein, da diese in der Regel auch über eine eigene Klangregelung für Höhen, Mitten und Tiefen verfügen.

Das Holz des Instruments hat ebenso einen sehr großen Einfluß auf den Sound des Basses. Der Ton, der vom Pick Up aufgenommen wird, wird durch das Schwingungsverhalten des verwendeten Holzes stark beeinflußt. Weiches Holz sorgt für einen weichen Ton. Einen harten und kernigen Bass-Sound bekommst Du hingegen mit einem Bass aus hartem Holz, wie beispielsweise Ahorn.

Bei der Auswahl des Basses solltest Du auch auf eine solide Hardware achten. Mit diesem Begriff bezeichnet man alle mechanischen Teile an deinem Instrument. Die Mechaniken dürfen nicht zu schwer, aber auch nicht zu leicht zu drehen sein und müssen die Stimmung halten.

Die Brücke deines Basses muß aus schwerem Material bestehen und sollte in Saitenführung, Höhe und Tiefe zu verstellen sein. Das ist zum Einstellen der Bundreinheit von großer Bedeutung. Aus dem riesigen Angebot an Bass-Saiten die richtigen herauszufinden, kann schon zur Qual der Wahl werden. Recht einfach wird die Entscheidung, wenn es um die Saitenstärke geht. Die alte Regel "je dünner die Saite, desto dünner der Sound", stimmt eben doch. Folgende Saitenstärken liefern einen soliden und druckvollen Sound: entweder ein Satz mit den Stärken "40-60-80-100" oder, wer noch mehr tiefen Druck braucht, ein Saitensatz der Stärken "45-65-85-105".

Um die deinen Soundvorstellungen entsprechenden Saiten zu finden, wird dir nichts anderes übrigbleiben, als die verschiedenen Saitenmarken durchzuprobieren. Mein Tip sind PYRASOUND Saiten, die ich selbst schon seit Jahren spiele. Die Drähte klingen gut, halten lange und es gibt sie in allen erdenklichen Längen und Stärken.

Wenn die Saiten nach einiger Zeit anfangen stumpf zu klingen, liegt das daran, daß sich auf den Saiten Fingerschweiß und Schmutzpartikel ablagern. Da ein Satz Bass-Saiten nicht gerade billig ist, gibt's nur eins, nämlich ab in den Kochtopf. Hier das Rezept: Wasser zum Kochen bringen, Saiten fünf Minuten ins kochende Wasser werfen und anschließend mit einem Fön trocknen, damit nichts rostet. Danach klingen die Saiten fast wie neu. Der Trick mit dem Auskochen geht natürlich nicht ewig und spätestens nach dem dritten Mal müssen die Drähte entsorgt werden.

Die verschiedenen Verstärkertypen

Der Röhrenamp

Der Sound eines Röhrenamps klingt für meine Begriffe wärmer als der Sound eines Transistoramps. Das liegt daran, daß die Röhre dem Bass-Sound harmonische Verzerrungen hinzufügt. Ein weiterer Vorteil der Röhrentechnik liegt in der sanften Art der Pegelbegrenzung. Bei einem extrem lauten Impuls, wie z.B. beim Slapping, begrenzt die Röhre das Signal langsam und weich und produziert wenig Obertöne. Der Transistoramp hingegen macht bei Pegelspitzen schlagartig dicht und produziert viele Obertöne, was sich negativ auf den Sound auswirkt.

Von Vorteil ist auch, daß der Ausgang eines Röhrenamps für die verschiedenen Impedanzzahlen der Lautsprecherboxen umgeschaltet werden kann. Bei optimaler Anpassung, also wenn die Impedanz (elektrischer Scheinwiderstand) von Amp und Box gleich sind, gibt der Amp hundert Prozent seiner Leistung an die Lautsprecher ab. Wird der Amp mit einer Box höherer Ohmzahl betrieben, kann der Röhrenamp seine Leistung nur zum Teil abgeben. Die "steckengebliebene" Leistung des Röhrenamps hängt dann im Ausgangstrafo und überhitzt diesen möglicherweise. Das kann im schlimmsten Fall den Amp zerstören.

Der Transistoramp

Ein Transistoramp ist, bedingt durch Bau- und Arbeitsweise, schneller im Impuls und klarer im Klang als der Röhrenamp. Einziger Nachteil ist das Problem mit der oben erwähnten Pegelbegrenzung, was man mit hoher Verstärkerleistung und einem Kompressor allerdings in den Griff bekommen kann.

Wie beim Röhrenamp brauchst Du beim Transistoramp genügend Power. Transistorverstärker sind meistens auf 4 Ohm ausgelegt und dürfen nie mit einer Box unterhalb dieser Ohmzahl betrieben werden. Ist dies der Fall und der Widerstand der Box zu gering, fließt ein zu hoher Strom, der die Transistoren der Endstufe überhitzt und schließlich zerstört. Im umgekehrten Fall, wenn Du eine Box an einen Transistoramp anschließt, die einen höheren Widerstand als der Amp hat, wird der Amp lediglich leiser.

Es gibt auch Amps, in denen Röhren und Transistoren kombiniert werden, um die Vorteile der beiden Verstärkertypen miteinander zu verbinden: die Wärme des Röhrenamps in der Vorstufe und die Impulstreue des Transistoramps in der Endstufe. Das SWR Basic 350 System ist solch eine Kombination.

Wie muß mein Amp ausgestattet sein?

Das wichtigste, was Dein Amp braucht, ist Power. Je mehr, desto besser. Ein leistungsstarker Amp entwickelt bei normaler Lautstärke einen volleren und runderen Ton als ein kleiner Amp bei der gleichen Lautstärke. Der kleine Amp läuft immer an der Grenze seiner Leistungsfähigkeit, der leistungsstarke Amp ist hingegen nur gering ausgelastet. Dadurch hat der große Amp mehr "Headroom", sprich Leistungsreserven und kann kurzzeitig auftretende Spitzenbelastungen viel leichter verkraften und so einen druckvolleren Bass-Sound liefern.
Die Klangregelung muß nicht unbedingt aufwendig sein, sondern sollte vor allem effektiv wirken. Ich verwende zum Beispiel, nach jahrelangen Versuchen mit unzähligen parametrischen – und graphischen Equalizern und den verschiedensten Vorstufen, nur noch einen kleinen Preamp, der mit einem Tiefen- und einem Höhenregler ausgestattet ist. Das klingt am besten und liefert einen satten und druckvollen Sound, live und im Studio.

In der Regel findet man bei den heutigen Amps eine Vierfachklangregelung. Die zu regelnden Frequenzen sind meist fest eingestellt: Die Bässe werden um 100 Hertz, untere Mitten bei ca. 400 Hertz, obere Mitten bei 2000 Hertz und die Höhen um die 6000 Hertz geregelt.

Über die Send/Returnbuchsen, die meist auf der Rückseite des Amps angebracht sind, kannst Du ein Effektgerät zwischen Vor- und Endstufe einschleifen. Das führt zu besseren Soundergebnissen, als mit deinem Bass zuerst durch das Effektgerät und dann in den Amp zu gehen. Manche Amps sind auch auf Zweikanalbetrieb ausgelegt. Hier kannst Du zwischen zwei getrennten Kanälen umschalten. Jeder Kanal hat meist eine eigene Klangregelung und Du kannst dir damit einen Begleitsound und einen speziellen Solosound einstellen. Wenn das Solo kommt, brauchst Du nur umzuschalten und hast den optimalen Solosound.
Am Anfang tut's vielleicht auch ein Comboamp. Das ist eine billige Möglichkeit, sich eine voll funktionsfähige Bassanlage zuzulegen. In der Regel sind Comboamps in Transistortechnik gebaut und mit 15-, 12- oder 10-Zoll-Lautsprechern bestückt.

Lautsprecher und Lautsprecherboxen

Die leere E-Saite hat eine Frequenz von circa 41 Hertz. Um diese tiefen Frequenzen übertragen zu können, werden spezielle Lautsprecher benötigt. Hier besteht ein direkter Zusammenhang zwischen der Membranfläche des Lautsprechers und seiner tiefsten Wiedergabefrequenz. Ein großflächiger Lautsprecher überträgt tiefe Frequenzen besser als ein Lautsprecher mit kleiner Membranfläche. Lautsprecherboxen müssen auch exakt berechnet werden. Es ist also nicht damit getan, den Lautsprecher nur in ein Gehäuse zu setzen. Bassboxen sind, was das Volumen betrifft, immer recht groß. Es wurden schon viele Versuche unternommen, kleine, laute und druckvolle Boxen zu bauen. Aber die Gesetze der Physik lassen sich nun mal schwer umgehen: Wer tiefe Frequenzen optimal wiedergeben will, benötigt Lautsprecher mit großer Membranfläche in einer großvolumigen Box.

10-Zoll-Lautsprecher sind wegen ihrer kleinen Membranfläche schwach bei der Wiedergabe tiefer Frequenzen. Dafür produzieren sie aber mehr hohe Frequenzanteile und sind, bedingt durch die geringe Masse, sehr schnell im Attack. Um trotzdem eine große Membranfläche zu bekommen, setzen viele Hersteller daher mehrere 10-Zoll-Lautsprecher nebeneinander in eine Box und simulieren so die größere Membranfläche.

12-Zoll-Lautsprecher sind sehr beweglich, schwingen schnell ein und haben einen sehr guten Attack. Sie bringen einen guten Basston, deutliche Mitten und ausreichend Höhen.
15-Zoll-Lautsprecher geben die tiefen Frequenzen sehr gut wieder und sind trotz der großen Membranfläche noch ziemlich beweglich und gut im Attack. Viele 15-Zoll-Lautsprecher werden mit einer Aluminiumkalotte hergestellt, um die eingeschränkte Höhenwiedergabe auszugleichen.
18-Zoll-Lautsprecher sind, bedingt durch die Größe der Membranfläche, reichlich träge im Attack. Andererseits sorgen sie für eine optimale Wiedergabe der tiefen Frequenzen. Mit der Wiedergabe der mittleren und hohen Frequenzen sieht es dafür allerdings recht finster aus. Hier empfielt sich ein zweiter Zusatzlautsprecher für den oberen Frequenzbereich.

Die Musikindustrie bietet heute eine Vielzahl der unterschiedlichsten Lautsprecherboxen an. Die folgenden Boxentypen sind als Grundausstattung zu empfehlen: 8 x 10 Zoll, 4 x 12 Zoll oder 2 x 15 Zoll. Optimal ist es, wenn diese Boxen noch mit einem zusätzlichen, regelbaren Hochtonhorn ausgestattet sind. Lautsprecherboxen, die nur mit 4x10-Zoll, 2x12-Zoll oder einem 15-Zoll Lautsprecher bestückt sind, klingen nicht kräftig genug. Man kann diese Boxen aber mit den oben genannten Lautsprecherboxen kombinieren.

Noch ein wichtiger Tip zu den Lautsprecherkabeln. Hier gilt die Devise: Je dicker, desto besser. Dicke Kabel lassen tiefe Frequenzen besser durch und sorgen für einen deutlichen, klaren und kraftvollen Ton.

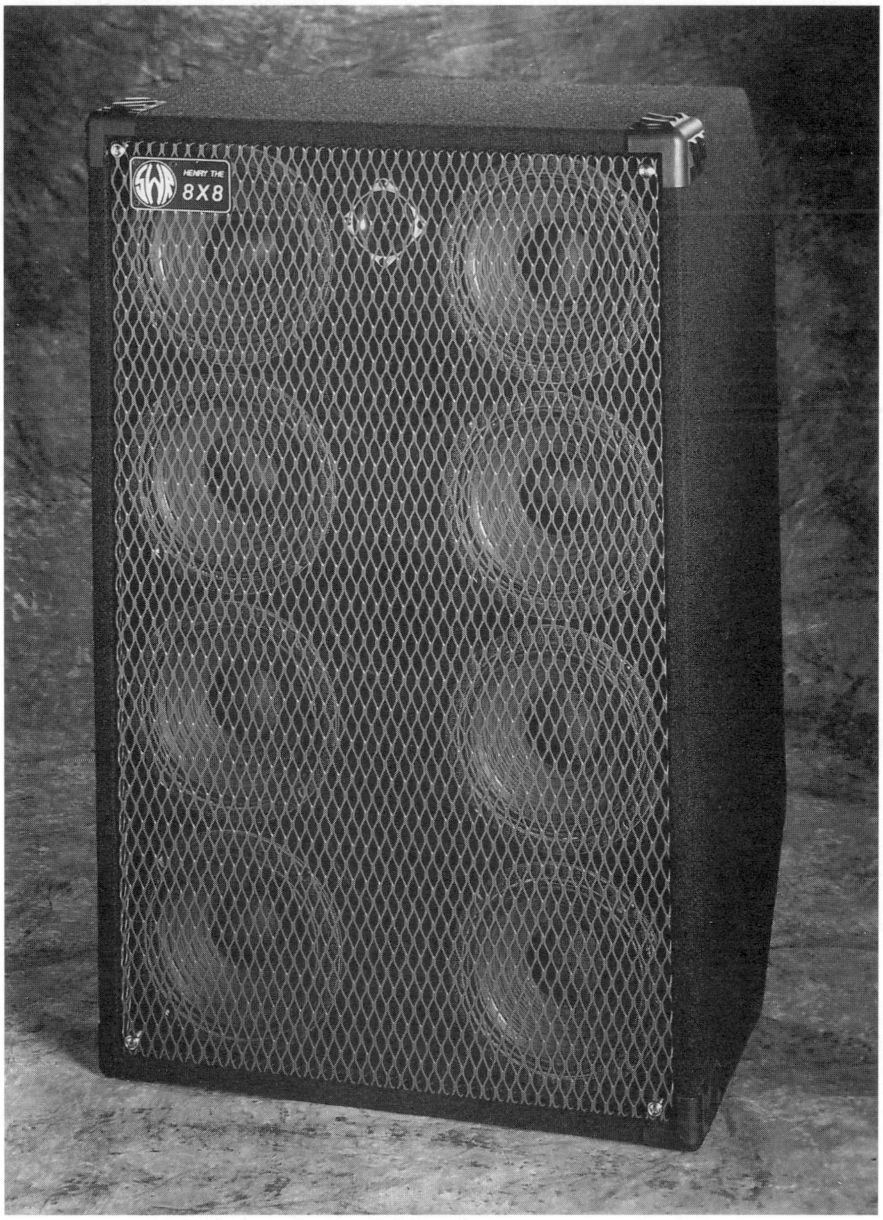

Effektgeräte für den Bass

Effektgeräte werden beim Bass sehr selten eingesetzt. Das hat einen ganz bestimmten Grund, denn der Sound des Basses, der ja tief und druckvoll sein muß, kann durch das Effektgerät an Kraft und Druck verlieren. Beim Einsatz eines Effektgerätes solltest Du daher immer darauf achten, daß der tiefe und druckvolle Ton nicht verloren geht. Die folgende Beschreibung der "sinnvollsten" Effektgeräte gibt dir einen Einblick, wie du deinen Bass-Sound beeinflussen kannst.

Der **Chorus** ist das gebräuchlichste Effektgerät für den Bass. Er gibt deinem Sound einen schwebenden, leicht singenden Klang. Den Choruseffekt kannst du gut bei langsamen Songs einsetzen oder, je nach Geschmack, auch beim Slapping zum Beispiel.

Interessante Dinge lassen sich mit dem **Oktaver** anstellen. Der Oktaver produziert zum gespielten Ton noch einen zweiten Ton, der eine Oktave darunter liegt. Mit dem Oktaver klingen Basslines so richtig schwer und drückend. Auf dem Fretless Bass lassen sich damit gut Synthy-Basslines nachmachen. Achte darauf, daß du die Lautsprecher deine r Anlage nicht mit dem Oktaver "durchbrätst".

Andere Effekte wie **Reverb** oder **Delay** kann man beim Bass auch verwenden, sollte dies aber auf Soloeinlagen beschränken, da der Bass-Sound schnell an Druck verliert.

Ein wichtiges Effektgerät für den Bass ist der **Kompressor**. Eigentlich ist es gar kein Effektgerät, denn der Kompressor sorgt lediglich dafür, daß die Anschlagslautstärke gleichmäßiger wird und der Bass-Sound dadurch druckvoller wirkt. Man darf die Kompression aber nur schwach einstellen und muß immer darauf achten, daß der Attack des Basses nicht verloren geht.

Ein **Noise Gate** ist ebenfalls eine gute Investition. Es ist, einfach ausgedrückt, nur ein Lautstärkeregler, der leise (aber störende) Geräusche wie Rauschen oder Einstreuungen durch die Lichtanlage in den Spielpausen herunterregelt. Wenn du aber wieder in die Saiten greifst, zieht das Noise Gate seinen Lautstärkeregler blitzschnell auf und Dein Sound kommt durch. Viele Hersteller bieten Kompressor und Noise Gate in einem Gerät an. Eine sehr zu empfehlende Anschaffung.

Wer alles in einem Gerät haben will, kann sich ein sogenanntes Multi-Effektgerät zulegen. Das ist, wie der Name schon sagt, ein Gerät, in dem mehrere Effekte integriert sind, die man wiederum miteinander kombinieren kann. Multi-Effektgeräte sind mittlerweile relativ preisgünstig zu bekommen und sind, was Ausstattung und Sound betrifft, in der Regel absolut bühnentauglich. Achte aber lieber auf die Qualität, als auf die Menge der Sounds, die das Multi-Effektgerät bietet. Sinnvoll und praktisch ist es, wenn die Sounds über einen Fußschalter abrufbar sind. Das macht auf der Bühne das Leben leichter.
Eines solltest du aber nie vergessen: Effektgeräte können nur Effekte produzieren. Du solltest daher nie versuchen, damit über spielerische Schwächen hinwegtäuschen zu wollen. Was natürlich im Set Up auch nicht fehlen sollte, ist ein spezieller Bass Tuner. Speziell bei Gigs ist es nervig, wenn einer auf der Bühne steht und laut das Instrument stimmt.

Übrigens, ein FI-Schutzschalter ist auch sein Geld wert. Er schaltet den Strom ab, bevor du einen elektrischen Schlag bekommen kannst. Einige Musikerkarrieren wurden durch Stromschläge schon abrupt beendet. Lasse dich beim Kauf am besten in einem Elektrofachgeschäft beraten.

Buchtips für Bassisten	Jack Bruce	Bluesbass, mit CD Leu-Verlag, 51429 Bergisch Gladbach
	Francis Buchholz	Bass Magic, mit CD Leu-Verlag, 51429 Bergisch Gladbach
	Andreas Lonardoni	Tapping, mit CD Leu-Verlag, 51429 Bergisch Gladbach
	Andreas Lonardoni	Modern Bass, Die neue E-Baßschule, mit CD Leu-Verlag, 51429 Bergisch Gladbach
	David C. Gross	Improvising Rock Bass, Blue Note Notenversand, Hamburg
	Tom Wolk	Rock Riffs For Bass, Blue Note Notenversand, Hamburg
	Peter Kellert Andreas Lonardoni & Bodo Schopf	Bandworkshop "Rock & Heavy Metal"/"Blues" Schott Musikverlag, 55116 Mainz
Buchtips für Drummer	Jim Japin	Advanced Techniques For The Modern Drummer
	Lawrence Stone	Stick Control
	Gary Chester	New Breed
	Gary Chaffee	Patterns, Teil 1-4.
	Carmine Appice	Doublebass Drumming
	Dante Agostini	Solfege Rhythmique Vol. 1 - 3, Solfege Syncope Vol. 1 - 3, Berklee Publications München
	Diethard Stein	Modern Drumming 1, Schlagzeugschule mit CD Modern Drumming 2, Schlagzeugschule mit CD Modern Drumming 3, Transkriptionen Leu-Verlag, 51429 Bergisch Gladbach
	Uwe Oltmann	Snaredrum-Duette, Band 1-3 Leu-Verlag, 51429 Bergisch Gladbach
Musiklehre allgemein	Markus Fritsch Peter Kellert	Arrangieren und Produzieren, mit CD Leu-Verlag, 51429 Bergisch Gladbach
	Markus Fritsch Peter Kellert	Harmonielehre und Songwriting Leu-Verlag, 51429 Bergisch Gladbach

Musikalische Begriffe zum Nachschlagen

Akkordton	Einer der Töne, aus denen ein Akkord aufgebaut ist.
Amp	Abkürzung für Amplifier (Verstärker).
Arpeggio	Akkordbrechung. Einzelne Töne eines Akkordes werden nacheinander gespielt.
Bending	Saitenziehen
Blue Note	Bluesnoten; übermäßige None, verminderte Quinte und kleine Septime.
Blues	Musikrichtung, aus der sich Rock 'n' Roll und die gesamte heutige Rockmusik entwickelt haben.
Break	Kurzer solistischer Einwurf eines Instruments.
Bridge	Zwischenteil eines Songs. Meistens gleichzeitig die Überleitung in einen neuen Formteil.
Changes	Akkordfolge eines Songs.
Chord	Englisch, für Akkord
chromatischer Verbindungston	Spielst Du von C über Cis nach D, so ist Cis der chromatische Verbindungston, in Halbtonschritten.
Da Capo	Von Anfang an. Auch oft nur "D.C." geschrieben.
Dal Segno	D.S. - vom D. S. Zeichen an wiederholen.
decresc.	decrescendo, Dynamikbezeichnung für leiser werden.
diatonischer Verbindungston	Tonleitereigener Verbindungston. Spielst du z.B. von C über D nach E, ist D der diatonische Verbindungston.
Ending	Ende eines Teils oder Songs.
fast	schnell
Fill	Melodischer oder rhythmischer Einwurf eines Instruments.
Fine	Das Ende eines Songs.
forte, f	Dynamikbezeichnung für laut/kräftig.
glissando	gleitend
Groove	Der Rhythmus eines Songs
Half Time	Halbes Tempo

Interlude	Musikalisches Zwischenspiel
Intro	Einleitung
Key	Englische Bezeichnung für Tonart
Lick	Kurze melodische, rhythmische oder harmonische Phrase.
medium	Bezeichnung für Saiten- und Plektrumstärke (mittel)
Minor	Englische Bezeichnung für Moll.
Off Beat	Die unbetonten Schläge eines Takes; sie liegen zwischen den Beats und werden häufig als "und" gezählt.
Ostinato	Beständiges Wiederholen eines rhythmischen, harmonischen oder melodischen Teils.
Part	Instrumentenstimme aus einem Arrangement.
Pattern	Kurze melodische oder rhythmische Figur
Pick Up	Tonabnehmer
Pizzicato	Mit den Fingern gezupft.
Powerchord	Akkord, der nur aus Grundton und Quinte besteht.
Preamp	Vorverstärker, Vorstufe.
Riff	Wiederholte melodische, rhythmische oder harmonische Phrase.
Scale	Tonleiter
senza	Italienisch, für "ohne"
senza Rep	Italienisch, für "ohne Wiederholung"
simile	ähnlich weiterspielen
Tapping	Gitarren- und Basstechnik, bei der mit beiden Händen auf dem Griffbrett gespielt wird.
Timing	Rhythmische Exaktheit
unisono	(unis.), einstimmig, gleichzeitig
Voicing	Akkordstimmenaufbau

Ergänzende Literatur aus dem LEU-VERLAG

Markus Fritsch - Peter Kellert- Andreas Lonardoni Arrangieren und Produzieren (mit CD). Ein Musikarbeitsbuch, das die Grundlagen und Techniken des Arrangierens und Produzierens umfassend darstellt und mit den zahlreichen Beispielen auf der CD zielorientiert zum eigenen, professionellen Arrangement und zur standard gemäßen Produktion führt. Aus dem Inhalt: Grundlagen/Stilistikkatalog/Satztechniken Rhythmusgruppe/Background und Solist/Partitur Groovekatalog/Studio- und Bühnenalltag Instrumentenkunde/Produzieren eines Projektes. ISBN 3-928825-22-4, 240 Seiten, Fotos, mit CD. "Ein sehr gelungenes Werk mit Tips, Tricks und umfangreichen Informationen für Musiker: „The Point of no Return". (WS-Musikmagazin 10/95)